FUN & LEARN 03

꿈꾸는 나 꿈꾸는 미래

FUN &
LEARN

김경일
김헌
방영주
선양국
양영은
오혜연
이다슬
허준이
현택환

꿈꾸는 나 꿈꾸는 미래

김영사

미래를 꿈꾸는 시간은
재미있고 즐거운 시간이에요

지금 여러분은 어떤 꿈을 꾸고 있나요? 어릴 적 꿈을 그대로 키워 가고 있나요? 아니면 또 다른 새로운 꿈을 찾아 도전하고 있나요? 미래의 나는 어떤 일을 하며 어떻게 살고 있을까요. 청소년기의 가장 큰 고민은 진학, 진로를 앞두고 '나의 미래를 어떻게 가꾸어 가면 좋을까'일 거라고 생각합니다.

이에 호암재단에서는 여러분의 고민에 도움이 되고자 해마다 여름과 겨울에 우리나라 모든 청소년을 위한 강연회 '펀앤런, 토크 페스티벌'을 열고 있습니다. 이 페스티벌은 과학 기술, 인문, 사회, 예술 등 다양한 분야의 전문가를 모셔 이야기를 들어 보는 자리입니다. 이렇게 전문적인 영역에 관한 강연을 두고 페스티벌이라니, 조금 의아할 수도 있을 거예요. 하지만 우리는 이 강연회를 처음 기획할 때부터 여러분에게 '미래를 꿈꾸는 시간은 재미있고 즐거운 시간'이라는 것을 알려 주고 싶었고, 그런 자리를 마련하고 싶었습니다.

그동안 약 오십여 분의 강연자분들께서 '펀앤런, 토크 페스티벌'을 찾아와 다양한 이야기를 들려주셨습니다. 모두 청소년들이 닮고 싶은 사람, 되고 싶은 사람으로 손꼽는 훌륭한 분들이었습니다. 이 분들의 이야기를 통해 여러분이 막막하게 느끼는 미래에 대한 불안을 잠재우고, 꿈을 더 크게 키워 가면 좋겠습니다. 어떤 꿈을 키웠는지, 꿈을 이루기 위해 어떤 노력을 했는지, 그리고 지금은 또 어떤 일에 도전하고 있는지. 먼저 길을 나선 분들의 이야기를 들으며 새로운 꿈을 꾸어 보고, 내 꿈에 한 발 더 다가가는 계기가 되기를 바랍니다. 그리고 미래를 준비하는 이 시기를, 힘든 시기가 아닌 재미있고 즐거운 희망찬 시간이라고 생각하기를 바랍니다.

이 마음을 모아 시작한 페스티벌이 벌써 4년째 계속되고 있습니다. 해마다 페스티벌에 열정적으로 참여해 준 학생들을 보면서, 할 수 있다면 대한민국의 모든 청소년을 이 자리에 초대하고 싶었습니다. 여러분을 이끌어 줄 수 있는 어른들의 이야기를 들으며 용기를 얻고, 서로를 격려하는 자리가 되면 얼마나 좋을까요.

우리의 이러한 마음을 담아 〈FUN & LEARN〉 시리즈를 펴내고 있습니다. 책으로나마 대한민국의 모든 청소년을 '펀앤런, 토크 페스티벌'에 초대합니다. 이 책과 함께 청소년 여러분이 내일을 꿈꾸면서 '나의 미래'를 가꾸어 가는 데 조금이나마 도움이 되면 좋겠습니다. 그리고 여러분을 통해 우리 모두의 미래가 빛나기를 바랍니다.

이번 책 《꿈꾸는 나 꿈꾸는 미래》 출간에 참여해 주신 아홉 분의 강연자분들께 진심으로 감사드립니다. 호암재단은 언제나 대한민국 청소년들의 미래를 응원하겠습니다. 청소년들이 밝은 미래를 꿈꾸고 열어 가기를 항상 바라겠습니다.

감사합니다.

2024년 7월
호암재단 이사장 김황식

차례

FUN&LEARN I

지금 내가 하고 싶은 꿈에 주목하고,
무엇을 하고 싶은지 자신을 곰곰이 들여다보자.
그리고 내가 가고 싶은 목표 지점을 설정하자.

인간은 서로 너무나도 다르다.
타인의 꿈과 목표를 내 꿈과 목표로 착각하지 않고
나만의 꿈과 목표를 찾자.

꿈과 목표의
심리학

김경일

FUN&LEARN

PROFILE

김경일

우리나라의 대표적인 인지심리학자. 현재 아주대학교 심리학과 교수로 재직 중이다. 고려대학교 심리학과와 동 대학원을 졸업한 후 미국 텍사스주립대학교 심리학과에서 박사 학위를 받았다. 각종 교육기관, 공공기관, 기업 등에서 왕성하게 강연 활동을 하고 있으며, 〈어쩌다 어른〉〈세바시〉 등 다수의 방송 프로그램에도 출연하고 있다. 유쾌하고 신선한 강의로 수많은 사람을 매혹시키고 있는 그는 세계적으로 유명한 학자들의 논문과 실험을 우리의 삶과 연결시켜 쉽게 전달하는 데 애쓰고 있다. 쓴 책으로는 《김경일의 지혜로운 인간생활》《마음의 지혜》《적정한 삶》《지혜의 심리학》《이끌지 말고 따르게 하라》《김경일 교수의 심리학 수업》 등이 있다.

호모 헌드레드 시대, 어떻게 살아야 할까

이렇게 좋은 자리에서 여러분과 만나게 돼서 너무나 반갑고 즐겁고 영광입니다. 오늘 저와 함께 이야기 나눌 주제는 심리학입니다. 심리학은 우리 마음을 여행하는 신비하고도 즐거운 학문이죠.

저는 인지심리학자입니다. 인지심리학은 우리 생각이 어떤 방식으로 작동해야 우리에게 최고로 좋은 결과를 줄 수 있을까를 연구하는 학문입니다. 인지심리학자들은 가까운 미래 사회에 인간의 생각이 중대한 변화를 겪을 거라고 예측합니다.

우리가 살아갈 미래에는 어떤 일이 일어날까요? 물론 자동차가 하늘을 날아다니고, 누구라도 손쉽게 우주를 여행할 수도 있겠죠. 그런데 인지심리학자들은 미래 사회의 변화된 모습 중에서 가장 먼저 늘어난 인간의 수명을 떠올립니다. 사실 멀리 갈 필요도 없이, 이미 우리 앞에 닥친 현실이죠. 우리는 정말 오래 살아갈 거예요. 여러분, 혹시 '호모 헌드레드Homo Hundred'라는 말 들어 봤나요? 곧이곧대로 풀이하자면 '100살까지 사는 인간'이라는 뜻인데, 여기에 덧붙여지는 의미가 만만치 않습니다. 청소년 여러분 세대는 100살까지 사는 건 지극히 당연하고요. 심지어 얼마 전에 어떤 생물학자 한 분이, 운이 안 좋으면 130살까지 살 수도 있을 거라고 여러분에게 꼭 전해 달라고 했어요. 물론 우리는 내일이라도 어떤 예상치 못한 이유로 세상을 떠날 수 있죠. 따라서 삶과 죽음에 대해 우리는 겸허한 태도를 가져야 해요. 다만 우리가 호모 헌드레드 시대를 맞이했다는 사실은 분명해요.

여러분, 단단히 각오해야 합니다. 오래 산다고 마냥 좋아할 일이 아니에요. 인간이 90살, 100살, 130살까지 살아가려면 대체 어떻게 살아야 할까요? 이 문제에 대해 기성세대는 해 줄 말이 없어요. 왜냐하면 인류는 지금까지 이렇게 오래 살아 보지 못했거든요.

인류의 평균 수명은 19세기 중반까지만 해도 30대 초반이었고, 50년 전쯤에야 60대를 겨우 넘어섰어요. 그런데 오늘날 우리는 정말 오래 살아요. 특히 한국인의 수명은 전 세계에서 가장 빠른 속도로 증가하고 있습니다. 2030년쯤에는 한국인 평균 수명이 세계 1위가 될 거라는 보고서도 심심치 않게 나옵니다. 제가 이 얘기를 아내에게 들려줬더니 아내가 "그럼, 당신을 앞으로 70년을 더 봐야 하는 거야? 생각만 해도 끔찍해!"하더라고요. 그러면서 서로 웃었던 기억도 나는데요. 사실 이게 그냥 웃어넘길 얘기는 아닙니다. 여러분, 오래 산다는 건 무엇을 의미할까요?

몇 해 전에 미국 인지심리학자가 어떤 영화를 보다가 한국의 미래를 완벽하게 묘사했다면서 저에게 추천해 줬어요. 〈인턴〉이라는 영화인데요. 우리나라에서도 제법 인기를 끌었던 작품이에요. 〈인턴〉에는 70대 나이에 직장에 들어가 일하는 주인공이 등장해요. 심지어 직장 상사가 자기 자식보다 어려요. 〈인턴〉 속 이야기는 여러분의 미래 모습입니다. 130살까지 산다는 건 80대 넘어서까지 일해야한다는 뜻이에요. 제가 얼마 전에 중학교에서 강의하면서, 앞으로 75년만 더 공부하고 일하라고 했어요. 그랬더니 그 자리에 있던 학생들이 굉장히 좌절하면서 뛰쳐나가려고 하더라고요. 그 자리를 뛰쳐나갈 수는 있겠지만, 우리에게 다가올 미래는 피할 수 없어요. 미래의 우리는 오래 살고 오래 일할 거예요.

인간과 AI의 대결, 그 결과는?

    오래 살고 오래 일하는 인간은, 그러니까 다름 아닌 여러분은 놀라운 기술 문명의 발달을 다 몸으로 받아 내야 합니다. 미래 기술은 매우 깊고 넓게 인류의 삶에 스며들 거예요. 여러분이 미래 사회를 살아가려면 반드시 미래 기술과 공존해야 한다는 뜻입니다. 대표적인 미래 기술이 바로 AI입니다. AI는 여러 영역에서 인간의 능력을 뛰어넘었고, 엄청난 속도로 발전하고 있어요. 조금 어두운 이야기지만, AI가 인간을 뛰어넘었던 상징적인 사건을 몇 가지 살펴볼까요?

AI가 인간을 뛰어넘었던 상징적 사건

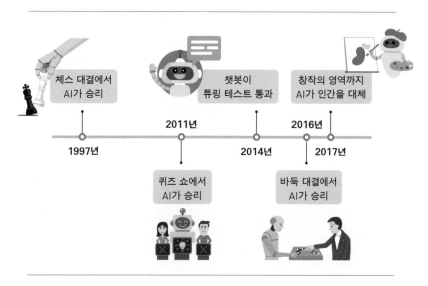

    먼저, 1997년 AI와 인간의 체스 대결입니다. 당시 세계 체스 챔피언은 러시아인 게리 카스파로프입니다. 수년간 체스계의 절대적 일인자였던 게리 카스파로프에게 도전한 상대는 IBM이 개발한 AI '딥 블루'입니다. 결과는 딥블루의 승리! 이전까지 사람들은 경우의 수가 많은 체스 대결에서 컴퓨터가 절대로 인간을 이길 수 없다고 생각했어요. 하지만 이 사건 이후로 인간은 체스 대결에서 다시는 AI를 이기지 못합니다. 인간의 두뇌만이 복잡한 경우의 수를 예측할 수 있다는 믿음, 컴퓨터는 단순 계산만 잘한다는 믿음이 무너진 상징적인 사건입니다.

2011년에는 IBM이 개발한 또 다른 AI '왓슨'이 미국의 유명한 퀴즈 프로그램 〈제퍼디!〉에 출연해서 인간 퀴즈 챔피언들을 압도적으로 이겨 버립니다. 이 당시에 사람들은 이미 AI의 엄청난 정보 학습량을 인정하고 있었습니다. 여기에서 더 나아가 인간이 일상적으로 쓰는 자연어를 AI가 빠르고 정확하게 이해하는 수준에 이르렀다는 사실을 확인한 사건입니다.

2014년에는 AI 챗봇이 튜링 테스트에 도전했습니다. 튜링 테스트는 영화 〈이미테이션 게임〉의 실제 모델인 앨런 튜링이라는 과학자가 개발했어요. 컴퓨터(기계)와 인간이 자연스레 대화할 수 있는지, 즉 컴퓨터가 인간 수준의 지능을 갖출 수 있는지 판별하는 실험이에요. 5분 동안 사람이 컴퓨터와 대화(채팅)한 다음, 대화 상대가 기계라는 사실을 깨닫지 못하면 튜링 테스트를 통과하게 됩니다. 도전 결과는? 난리가 났습니다. 챗봇이 튜링 테스트를 통과하면서 이제 사람과 AI의 경계가 무너졌습니다. 요즘 우리가 쓰는 챗봇은 음성도 사람과 거의 비슷해졌어요. 저도 얼마 전에 어떤 회사에 응답 서비스를 이용하는데 사람인 줄 알았어요.

2016년에는 드디어 구글이 만든 '알파고'와 세계 바둑을 호령하

1997년 IBM에서 개발한 AI 딥블루는 게리 카스파로프와의 체스 대결에서 승리했다.

2011년 IBM에서 개발한 AI 왓슨은 퀴즈 프로그램에 참가하여 우승했다.

던 이세돌이 경기를 펼칩니다. 결과는 여러분도 잘 알 거예요. 논리 연산 게임의 마지막 보루였던 바둑에서 AI가 인간을 넘어선 사건입니다. 알파고의 승리는 AI 발전 역사에도 매우 중요한 전환점으로 기록됩니다. 이때부터 우리나라뿐만 아니라 전 세계가 4차 산업혁명 시대가 열렸다는 사실을 실감했어요.

여러분이 잘 모르는 AI와 인간의 대결이 또 한 차례 펼쳐집니다. 2017년에 마이크로소프트의 드로잉 머신 '넥스트 렘브란트'가 그림을 한 장 그렸습니다. 이 그림을 본 사람들(미술 전문가들까지 포함해서)은 커다란 충격을 받았어요. 이 그림은 붓의 터치와 패턴, 틀렸을 때 살짝 고치는 습관까지도 렘브란트와 똑같았거든요. 실제 렘브란트 그림이라고 해도 믿을 만큼 정교했어요. 이제는 예술 창작 영역도 AI가 인간을 대체할 수 있다는 사실을 보여 준 거죠.

2017년 마이크로소프트에서 개발한 AI 넥스트 렘브란트가 그린 그림으로 화가 렘브란트의 화법을 그대로 재현하여 그렸다.

인간은 왜, 어떻게 AI와 다를까

여러분, 많이 무섭고 걱정되나요? AI에게 패배한 인간은 이제 모든 영역에서 할 일이 사라지는 걸까요? 절대로 그렇지 않아요. 여러분, 저를 전적으로 믿으셔야 합니다. 제가 이번에는 좀 다른 사례를 보여 드릴게요. 아래 두 그림은 누가 그렸을까요? 모두 파블로 피카소가 그린 그림입니다. 피카소는 인생의 상당 기간 이런 평범한 그림을 그렸어요. 그런데 어느 날 갑자기 우리에게 익숙한 입체주의 작품을 그리기 시작합니다.

AI는 한 사람이 이 그림을 그렸다는 사실을 받아들이지 못합니다. AI에게 피카소의 젊은 시절 그림을 학습시킨 다음, 입체주의 작품

〈미식가〉(왼쪽)와 〈파이프를 든 소년〉(오른쪽)
두 작품 모두 파블로 피카소의 초기 작품으로 대상을 사실적으로 묘사하여 그렸다.

〈무스케테르, 테테〉
파블로 피카소의 후기 작품으로
대상을 여러 방향에서 관찰하여
한 화면에 입체적으로 구성했다.

을 그리라고 하면 절대로 못 그려요. 게다가 AI는 피카소의 입체주의 작품을 분석하거나 분류하지 못해요. 하지만 우리는 웬만큼 미술을 공부하면 피카소의 입체주의 작품이 가진 어떤 특징과 독특함을 이해합니다. 즉, AI가 잘 못하는 분야와 인간이 잘하는 분야가 분명히 존재한다는 뜻이에요.

AI는 평균치로 일반화되지 않거나 일정한 패턴이 없는 영역을 잘 학습하지 못합니다. 매우 어려워합니다. 피카소의 입체주의 그림은 선과 면과 구성에서 일관된 패턴을 찾기가 어렵습니다. 명시적인 패턴이든 잠재적인 패턴이든, 뭔가 공식처럼 만들어서 학습하고 싶은데 그걸 찾지 못하는 거예요.

우리가 어떤 웹페이지에서 회원 가입을 하려면, 화면에 문자와 숫자를 찌그러뜨려 놓고 써 보라고 하죠? 로봇의 자동 회원 가입을 방지하기 위한 보안 문자예요. AI는 이처럼 일반적인 문자 패턴에서 벗어난 변형된 문자를 잘 읽지 못해요. 하지만 우리는 보안 문자가 찌그러져 있어도 어느 정도 연상해서 읽을 수 있어요.

물론, 우리도 가끔 안 될 때가 있죠. 그래서 새로고침을 누를 때 약간 자존심 상하기도 해요. 제가 나이가 들어서 노안이 온 탓에 화면이 잘 안 보이는데요, 얼마 전에 안경을 안 쓰고 대충 보안 문자를 누르다가 다섯 번 연속 틀렸어요. 그랬더니 밑에 빨간 글자가 쫙 뜨더라고요. "당신은 로봇입니까?" 제가 호기심 삼아 '예' 버튼을 눌러 봤어요. 그랬더니 그 웹페이지에 24시간 동안 접속이 안 되더라고요. 내가 튜링 테스트를 통과하지 못하고 기계가 된 기분이었어요. 여러분에게 권장하고 싶지 않지만, 호기심 많은 분이라면 한번 경험해 보세요.

어떻게 독특한 자아를 형성할까

어쨌거나 앞으로 AI와 인간이 갈 길이 분명 다르다는 점은 확실합니다. AI는 A와 B를 최대한 많이 학습한 다음에, A와 B를 정확하게 찾아내거나 A와 B의 평균값을 구하는 일을 할 거예요. AI 기술이 발달하지 않았던 시기에는, A와 B의 정보가 복잡하고 어려울수록 그 일을 하는 사람들이 이른바 전문가로 대접받았어요. 하지만 AI가 출현하면서 이 분야의 전문가들이 굉장히 불안해하고 있습니다. 앞서 살펴보았듯이, 정보를 분류하고 정리하는 일은 AI의 전문 분야니까요.

앞으로 인간은 A와 B를 배워서 C를 창조하는 분야에서 일해야

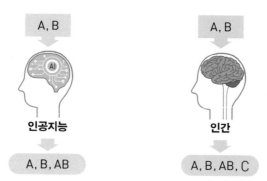

인공지능은 주어진 데이터 안에서만 답을 도출하지만, 인간은 새로운 답을 창조할 수 있다.

합니다. 그러니까 데이터 안에서만 답을 내오는 게 아니라 데이터 바깥에서 새로운 답을 창조하는 거죠.

이걸 인지심리학 용어로 정리하자면, 이제 우리 인간은 '일반적인 자아Average Self'에서 '독특한 자아Unique Self'로 나아가야 합니다. 평균적이고 일반적인 자아는 AI에게 물려주고, 우리 인간은 새롭고 독특하고 지금껏 세상에 없던 답을 찾는 존재로 거듭나야 하는 거죠. AI와 공존하는 시대에 독특한 자아는 매우 중요하고 반드시 필요한 덕목입니다.

어떻게 하면 독특한 자아를 가질 수 있을까요? 바로 여러분이 어떤 꿈을 품느냐에 달려 있습니다. 이걸 증명해 주는 재미있는 실험 사례를 소개할게요. 저는 많은 기관·기업·학교에서 이 실험을 해 왔습니다. 그중에서 제가 초등학교에서 실험한 사례를 들려줄게요.

저는 우리나라의 아주 평범한 초등학교에 갔습니다. 그 초등학교에는 3학년에 세 개의 반이 있었습니다. 저는 아래 그림에 보이는 물건들을 가지고 1반부터 3반까지 차례로 들어갔습니다. 사실 그림으로 보는 건 대표적인 물건들이고, 실제로는 몇백 가지 물건들을 가지고 들어갔습니다. 그러고는 모든 반 학생들에게 똑같은 물건을 주고, 똑같은 부탁을 했어요. "여러분, 여기서 마음에 드는 물건을 각자 다섯 개씩 골라서 새롭고 신기한 물건을 만들어 보세요." 물론 학생들에게 똑같은 시간을 부여했고요.

다시 말하지만, 저는 1반, 2반, 3반에 똑같은 물건과 똑같은 시간을 주고 똑같은 부탁을 했어요. 다만 말하는 시간 간격과 순서를 살짝 바꿨을 뿐이에요. 첫 번째로 1반에 들어간 저는 곧장 물건들을 쫙 뿌려 놓은 다음 앞의 내용을 부탁했어요. 그랬더니 1반 학생

실험에 사용된 여러 모양의 물건

들 대부분은 물건들을 둘러보다가 평범하고 낯익은 물건, 기본 도형 위주로 골랐어요. 특이한 물건, 구부러지고 꼬인 특이한 물건은 절대 안 골랐어요. 왠지 뒷감당이 안 될 것 같아서 그랬을까요? 학생들은 대부분 비슷한 물건을 골라서 남학생의 70~80퍼센트는 자동차나 기차를, 여학생의 90퍼센트는 집을 만들었습니다. 우리나라 도로에 자동차가 왜 이렇게 많이 굴러다니고, 부동산 열기가 왜 이렇게 뜨거운지 그제야 알았습니다. 어릴 적부터 관심이 아주 엄청납니다. 다 똑같은 물건을 만든 학생들에게 개성·창의성·독창성·혁신을 기대할 수 있을까요?

두 번째로 2반에 들어간 저는 학생들의 행동이 약간 시차를 가지게끔 조절했습니다. 어떻게 했냐면, 1반과 똑같이 문을 열고 들어가서 이런 물건들을 뿌려 놓았습니다. 그런 다음 "여러분 마음에 드는 물건을 다섯 개씩 골라 보세요."라고 말했어요. 그냥 마음에 드는 물건을 고르라고만 하고 저는 일단 2반을 나왔습니다. 그랬더니 2반 학생들은 1반 학생들과 전혀 다른 물건을 골랐어요. 옆 친구가 고른 물건은 되도록 안 고르고 나만 가지고 싶은 물건, 내가 좋아하고 내 눈에 띄는 물건, 특이한 물건 위주로 다섯 개를 고른 거죠. 저는 문 뒤에 숨어서 상황을 엿보다가 학생들이 물건을 다 고르고 난 뒤에, 문을 열고 다시 들어가서 이렇게 얘기했습니다. "조금 전에 여러분이 고른 물건 다섯 개로 이번에는 새롭고 신기한 물건을 만들어 보세요."

학생들은 싸늘한 표정으로 나를 째려봤어요. 많은 친구들이 딱 팔짱을 끼고 "그럼 나가기 전에 얘기하고 나갔어야죠. 그랬으면 이런 특이한 거 안 골랐잖아요. 아저씨, 이상해요!" 굉장히 짜증을 냈어요. 그래도 나는 학생들에게 새로운 물건을 만들어 보라고 막 빌고 우겼어요. 2반 학생들은 옆 친구랑 다른 물건을 골랐기 때문에 비슷한 물건, 평범한 물건을 만들 수가 없어요. 자기가 좋아하는 물건 위주로 골랐기 때문에 의외로 굉장히 기발한 물건들을 만들었어요. 그걸 보는 2반 담임 선생님은 굉장히 흐뭇한 얼굴이었어요. 1반 담임 선생님은 저쪽에서 좌절하고 계셨고요.

마지막으로 저는 3반으로 건너갔습니다. 이번에는 준비한 물건들을 먼저 펼쳐 놓지 않고, 아예 커튼으로 덮어 놓았습니다. 그러고는 "새롭고 신기한 걸 만든다면 뭘 만들고 싶으세요?" 하고 먼저 물어봤습니다. 그러자 3반 학생들은 어마어마한 대답을 내놓기 시작했어요. 지구 평화를 지키는 로봇, 남북을 통일시키는 프로그램을 만들겠다는 학생들이 등장했어요. 그러자 저마다 더 기발하고 원대한 꿈을 고민하는 눈치였어요. 어떤 학생이 영원히 충전하지 않아도 되는 스마트폰, 영원히 기름을 넣지 않아도 되는 자동차를 만들겠다고 얘기했더니 다른 친구들이 꿈이 너무 작다며 놀렸어요. 이 세상 어떤 글로벌 기업도 이루지 못한 기술을 개발하겠다는 꿈이 작다고 놀림을 받은 거죠. 제가 일부러 리액션도 크게 해 줬어요. "대박!" "진짜?" "짱!" 이러면서요.

학생들 이야기를 다 들어주고 난 다음에 제가 뭘 했는지 알겠죠? 커튼을 들어 올렸습니다. 일부러 천천히요. 그러고는 "여기서 물건 다섯 개를 골라서 조금 전에 여러분이 얘기한 걸 만들어 보세요." 이렇게 요청했습니다. 학생들은 속았다고 툴툴거리면서도 정말 기발한 물건을 만들어 냈습니다. 심지어 세계 학생 창의력 올림피아드 대회에 나가서 금메달 딴 친구들보다 더 대단한 걸 상상하고 만들어 냈어요.

이 학교 3학년 3반 학생들이 특별해서일까요? 그렇지 않아요. 앞서 이야기했듯이, 저는 여러 기관·기업·학교에서 그리고 외국에서도 이 실험을 수백 번 해 왔어요. 똑같은 물건을 주고 마음에 드는 다섯 개를 고르라고 한 다음, 똑같은 시간 안에 새로운 물건을 만들어 달라고 요청했어요. 그런데 그 과정을 어떻게 진행하느냐에 따라 결과물이 너무나도 달랐어요. 1반 학생들처럼 굉장히 평범하고 평균적인 결과물을 내오는 사람이 있는가 하면, 3반 학생들처럼 누구도 생각하지 못한 창조적인 결과물을 내오는 사람도 있었어요. 왜 이런 차이를 보였을까요?

이 차이는 의외로 간단하고 사소한 변화 때문에 시작되었습니다. 3반 친구들은 그 물건을 가지고 어떤 물건을 만들지를 먼저 생각하지 않았어요. 그냥 자기가 만들고 싶은 새롭고 신기한 물건을 고민했죠. 그런 게 꿈입니다. 꿈은 목표와 다르죠. 꿈은 엄청나게 커야 합니다. 실현 가능성이 아예 없을 정도로 커야 해요.

저는 대학교와 고등학교에 다니는 두 딸을 둔 아빠예요. 예전에 딸아이 담임 선생님이 아빠의 꿈이 무엇인지 여쭤 보라는 숙제를 내줬대요. 그래서 저는 딸아이에게 제 꿈이 '세계 정복'이라고 말해 줬어요. 그걸 본 담임 선생님은 딸아이가 매우 이상한 아빠와 사는 줄 알고 크게 걱정했었답니다. 당연히 저는 세계를 정복할 수 없죠. 하지만 저는 오늘도 세계 정복을 꿈꾸며 남다른 눈으로 세상을 봅니다. 큰 꿈을 꾸는 사람은 똑같은 물건이라도 다른 사람들과 다르게 사용해서 기발한 물건을 창조합니다.

누구와도 눈 맞추고 이야기하자

큰 꿈, 남들과 다른 독특한 꿈은 어떤 과정을 거쳐서 만들어질까요? 저는 창조적인 독특한 자아를 가진 아이들, 학생들의 특징을 알아보기 위해서 EBS와 함께 〈0.1%의 비밀〉이라는 프로그램을 만들었습니다. 〈0.1%의 비밀〉에는 단순히 공부를 잘하는 학생들만 출연하지는 않았어요. 주도적으로 꿈을 꾸고, 목표도 설정하고, 그 과정에서 일반 사람들과는 다르게 사물과 세상을 보는 친구들이 주로 출연했습니다. 이런 친구들은요, 부모의 학력이나 경제 조건 등에 그다지 영향을 받지 않았어요. 또는 IQ 테스트 같은 데서도 별다른 차이점이 나타나지 않았고요. 그런데 이 친구들의 공통된 특징이 있었어요. 그게 무엇이었을까요?

누구의 질문도 무시하지 않았어요. 누가 어떤 말을 걸어와도 외면하지 않았어요. 심지어는 전교 꼴찌가 와서 질문해도 정성껏 대답해 줬습니다. '0.1퍼센트 아이'가 공부를 잘하는 친구에게 수학 문제를 설명해 주는 건 쉬워요. 수학의 원리와 규칙과 방정식을 서로 어느 정도 알고 있으니까요. 그런데 한번은 전교 꼴찌가 0.1퍼센트 아이에게 수학책을 들고 와서 이런 질문을 하더라고요. "야, X 옆에 있는 숫자는 왜 이렇게 작아? 3년 전부터 궁금했는데 물어볼 데가 없었다." 그런데 이 어이없는 질문에 0.1퍼센트 친구가 매우 흥미를 느끼는 거예요. 그러면서 꼴찌랑 같이 수학 방정식의 역사를 찾아보더라고요. 언제부터, 왜, 누가 X 옆에 있는 숫자를 위로 올려서 작게 썼는지 함께 알아본 거죠.

어른 중에도 이런 태도를 가진 0.1퍼센트의 사람이 있습니다. 제가 참 좋아하는 이야기인데요. 세계 최초의 디지털카메라는 필름 만드는 회사에서 일하던 스티븐 사손이라는 엔지니어가 만들었어요. 스티븐 사손이 어떻게 디지털카메라를 발명했는지 아세요?

하루는 어린 조카가 스티븐 사손에게 물었어요. "필름이 뭐예요?" 스티븐 사손은 난감했어요. 아이한테 '필름은 빛에 노출되면 화학반응해서 이미지를 형성하는 물질이다.'고 사전적인 정의를 곧이곧대로 말해 줄 수 없잖아요. 고민 끝에 스티븐 사손은 "필름은 세상의 소중한 이미지를 담는 그릇이야."라고 답했어요. 어린 조카가 알아들을 수 있는 말로 필름을 표현한 거죠. 그러다가 스티븐 사손은 문득 세상의 이미지를 담는 그릇이 꼭 필름일 필요는 없다고 생각했어요. 카세트테이프가 소리를 담듯이 컴퓨터 메모리에 이미지를 담아 보려고 시도한 거죠. 이처럼 스티븐 사손은 조카와의 대화를 시작으로 디지털카메라를 발명하게 되었습니다.

자, 이 사람들의 공통점이 무엇인가요? 0.1퍼센트의 사람은 누구와도 대화합니다. 엉뚱한 질문도 성심껏 받아들이고 함께 고민합니다. 전문 분야가 다르고, 연령대가 다르고, 자라온 환경이 다르고, 관심사가 다른 사람들과 스스럼없이 대화합니다. 낯선 사람과 뜻밖의 대화를 하면 그 과정에서 내 안에 어떤 무엇이 만들어져요. 내가 쌓아 온 지식과 익숙한 습관이 재구성됩니다. 늘 새로워지는 거죠. 그 과정에서 내 관심을 끄는, 내 마음을 사로잡는, 나를 완전히 잡아끄는 무언가가 나타납니다. 이게 바로 꿈이 됩니다.

실제로 세계적인 기업들이 상품 기획 개발 과정에서 이 방법을 많이 적용하곤 합니다. 예를 들어, 실리콘 밸리의 전문 엔지니어와 프로그래머들이 자기가 만든 물건을 가지고 어린이집에 찾아갑니다.

그러고는 꼬마 아이들이 그 물건에 호기심을 보이게끔 쉽고 재미있게 물건을 소개합니다. 정말로 꼬마 아이들에게 물건을 팔려는 건 아니고요. 엔지니어와 프로그래머들이 진땀을 뻘뻘 흘려 가며 꼬마 아이들과 이야기를 나누다 보면 문득 자기가 진짜 하고 싶은 일, 정말 거대한 일들이 보이더라는 거예요.

이건 단순히 머리가 좋고 안 좋은 문제로는 설명이 안 되는 지점이에요. 알베르트 아인슈타인과 리처드 파인만은 20세기의 위대한 물리학자로 칭송받습니다. 아인슈타인은 최고의 IQ를 가졌고, 파인만은 평범한 IQ였어요. 두 사람은 IQ에서는 큰 차이가 났지만 한 가지 공통점이 있었습니다. 누구와도 물리학에 대한 대화를 나눴습니다. 물리학을 잘 모르는 사람들이 와서 엉뚱한 질문을 해도 늘 성심성의껏 그들과 대화했습니다. 다양한 생각을 가진 사람들과 다양한 대화를 해야 내가 이루고 싶은 큰 꿈, 심지어는 이전에 생각하지 못했던 새로운 꿈이 생겨납니다.

알베르트 아인슈타인(1879~1955)

리처드 파인만(1918~1988)

나에게 감탄하라

꿈이 지닌 가장 중요한 역할은 뭘까요? 꿈은 우리에게 어떤 특별한 능력을 줍니다. 남들이 생각하지 못하는 것을 생각하게 해 주고 남들이 못 보는 것을 보게 해 줍니다. 꿈을 품은 사람은 A와 B를 배우면 C를 만들 수 있습니다. 큰 꿈, 남다른 꿈을 꾸면 독특한 자아가 형성됩니다.

꿈을 만들어 가는 과정에서 우리가 조심해야 할 지점이 있습니다. 바로 내가 이루고 싶은 꿈과 주변에서 요구하는 꿈에 대한 차이를 분명하게 인식하고 구별해야 한다는 점입니다. 좀 옛날이야기인데요. 제가 하루는 막내딸과 놀이동산에 놀러 갔는데 막내딸이 풍선을 사 달라고 조르는 거예요. 너무 떼를 쓰는 바람에 풍선을 사 줬습니다. 그런데 막내딸이 5분 만에 풍선에 흥미를 잃고 줄을 탁 놓더라고요. 저와 막내딸은 놀이동산을 내내 뛰어다녔어요. 저는 막내딸을 혼내 주겠다고 쫓아다니고, 막내딸은 아빠가 무서워서 도망다녔죠.

며칠 뒤, 그날 찍은 사진을 보고 저는 깜짝 놀랐어요. 막내딸이 풍선을 사 달라고 조르던 곳에서 찍은 사진을 보니까, 주위의 다른 아이들이 다 풍선을 가지고 있었어요. 그런데 불과 5분 뒤에 풍선 줄을 놓고 저한테 혼나던 곳에서 찍은 사진을 보니까, 주위의 다른 아이들이 풍선을 안 가지고 있더라고요.

이게 무엇을 의미할까요? 프랑스 철학자 자크 라캉은 자신의 책 《욕망 이론》에서 '인간은 타자의 욕망을 욕망한다.'고 정의했어요. 사람들은 남의 욕망을 내 욕망으로, 남의 꿈을 내 꿈으로, 남의 비전을 나의 비전으로 착각합니다. 왜 우리는 자꾸 이렇게 착각할까요? 왜 우리 막내딸은 다른 아이들이 풍선을 가지고 노는 모습을 보고 자기도 풍선을 가지고 싶다고 생각하게 됐을까요?

그건 바로 우리가 타자(사회)와 인정투쟁을 하는 중이기 때문입니다. 독일 철학자 악셀 호네트는 자신의 책《인정투쟁》에서 '한 주체는 다른 주체에게 인정받을 때 자신의 정체성을 획득한다. 새롭게 획득된 정체성은 더 높은 인정에 대한 요구를 불러일으킨다.'고 말했어요.

인간은 타인에게 인정받으면서 자아를 형성하는데, 이게 너무 지나쳐도 곤란하다고 따끔하게 지적한 거죠. 좀 어려운가요? 문화심리학자 김정운 박사는 좀 더 쉽게 설명해 줬어요. '남의 감탄으로부터 벗어나라.'

그렇다면 어떻게 해야 남의 감탄에 매달리지 않고 나만의 꿈을 만들 수 있을까요? 내가 나에게 감탄해야 합니다. 내가 나에게 사랑받고 인정받아야 합니다. 우리 삶에서 아주 중요한 필수 요소입니다.

꿈과 목표를 향한 발걸음

여러분은 열정을 내 안에서 찾을지, 아니면 외부 요인과 연계해서 만들어 갈지 깊이 고민해 봐야 해요. 어떤 사람은 열정이 이미 자기 안에 담겨 있어서 거기에 맞는 일을 해야 창의력도 샘솟고 행복해합니다. 그런 사람들은 이미 자기 안에 꿈이 내재되어 있습니다. 그런데 어떤 사람들은 자기한테 주어진 어떤 일을 차근차근 해 가면서 비로소 꿈을 가지게 됩니다. 꿈이 나중에 찾아오는 거죠. 전자의 경우를 적합 이론가, 후자의 경우를 개발 이론가라고 합니다.

여러분은 어떤 유형에 해당하는 사람인가요? 대부분 아직 몰라요. 청소년 시기의 여러분은 아직 열어 보지 않은 보물 상자예요. 따라서 지금 당장은 무엇보다 내가 하고 싶은 꿈에 주목해야 해요. 내가 무엇을 하고 싶은지 자신을 곰곰이 들여다보아야 합니다.

또 하나, 내가 가고 싶은 목표 지점을 설정해야 해요. 여러분은 꿈과 목표 이 두 가지를 모두 가지고 있어야 합니다. '나는 앞으로 100년 동안 무엇을 하고 살아갈까?' '어떤 사람이 되고 싶은가?' 하는 문제는 꿈의 영역입니다. '나는 어떤 성적을 받고 싶은가?' '어떤 대학교에 가고 싶은가?' '어떤 직업을 가지고 싶은가?' 하는 문제는 목표의 영역입니다.

목표만 가진 사람은 열심히 노력할 수는 있지만, 중간에 목표가 사라지거나 희미해지면 허무해지거나 길을 잃기 딱 좋습니다. 그에 비해 꿈만 품은 사람은 성실하게 노력하지 않고 나태해지기 쉬워요. 나의 꿈과 목표를 세우고, 그걸 시시때때로 떠올려 보세요. 중간에 목표와 꿈이 바뀌거나 실패할 수도 있어요. 하지만 그걸 두려워할 필요는 없어요. 오히려 환영하고 즐거워할 일이죠. 새로운 도전의 길을 갈 수 있으니까요.

꿈과 목표를 향해 조금씩 나아가다 보면 자연스레 내가 적합 이론가 유형인지 개발 이론가 유형인지 깨닫게 됩니다. 우리 인간은 서로 너무나도 다릅니다. 따라서 타인의 꿈과 목표를 내 꿈과 목표로 착각하지 않아야 합니다. 이건 아주 중요한 지점입니다. 내 꿈은 나만이 찾을 수 있습니다. 부모님도 아니고 선생님도 아니고 친구도 아니에요. 오직 나만이 나에게 꼭 맞는 꿈과 목표를 찾을 수 있습니다. 목표와 꿈을 마음에 품고 살아가는 사람과 그러지 않는 사람은 훗날 크게 달라져 있습니다. 인지심리학자들의 연구와 실험으로도 수없이 증명된 내용입니다.

다시 말하지만, 여러분은 오래 살고 오래 일해야 합니다. '언제까지 어떤 목표를 이루지 못하면 이번 생은 망한 거야.' 이런 생각은 불필요하거나 무의미합니다. 지금 시작해도, 내일 시작해도, 또는 1년 뒤에 시작해도 절대 늦지 않아요. 제 큰딸이 중학생일 때, "이번 생은 글렀어." 이러더라고요. 그래서 제가 그랬어요. "찬찬히 생각해서 가고 싶은 대학이 생기면 서른 살에 가면 된다. 그래도 절대 늦지 않아."

여러분, 여유 있게 생각하세요. 인생은 여러분이 생각하는 것보다 훨씬 길어요. 여러분이 독특한 자아를 형성해서 미래 사회의 주인공으로 살아가기를 바랍니다.

> " 오직 나만이 나에게 꼭 맞는
> 꿈과 목표를 찾을 수 있습니다.
> 목표와 꿈을 마음에 품고 살아가는 사람과
> 그러지 않는 사람은 훗날 크게 달라져 있습니다. "

Q 01
어려움에 부딪힐 때 어떻게 하면 자신을 다독이고 이겨 낼 수 있을까요?

인지심리학자로서 '강한 정신력'은 고난을 이겨 내는 필수 요소가 아니라고 생각합니다. 그럼 무엇이 해결책일까요? 인지심리학에서 최근에 연구한 주제 가운데 하나가 '왜 운동선수들은 금지 약물을 복용할까?'였어요. 도핑 테스트에 걸리면 운동선수들은 영구 퇴출되고 메달도 다 박탈당하고 평생 약물 선수라는 꼬리표가 따라다녀요. 그런데도 운동선수들은 왜 금지 약물을 복용할까요?

저희는 놀라운 사실을 발견했어요. 금지 약물을 복용한 운동선수들은 한결같이 마음이 행복해졌습니다. 마음이 행복해진 선수들은 그다음 날부터 다른 선수들은 견디지 못하는 혹독한 훈련을 견뎌요. 게다가 다른 선수들은 엄두를 못 내는 새로운 훈련에 도전하겠다고 덤벼요. 좀 점잖은 표현으로, 극복하고 도전하는 거죠. 마음이 행복하니까 어려움을 극복하고 새로운 도전 정신이 생겨나요.

이번 질문에 대한 제 답은 '행복'입니다. 행복은 견디고 도전할 힘을 줍니다. 다만 여기서 우리가 착각하지 말아야 할 점이 있어요. 연세대학교 심리학과 행복심리학자 서은국 교수는 《행복의 기원》이라는 책에서 '행복은 목표가 아니라 도구가 되어야 한다.'고 거듭 강조했어요. 행복은 크기보다 빈도가 중요합니다. 그러니까 100점짜리 행복을 한 번 경험하는 것보다 10점짜리 행복을 여러 번 경험하는 게 훨씬 좋습니다. 우리는 이 점을 자꾸 놓칩니다. 아주 작은 행복이라도 자주 느껴야 고난과 시련을 이겨 낼 수 있습니다.

10점짜리 행복이란 어떤 걸까요? 하루는 내가 왠지 기분이 가라앉고 공부하기 싫었어요. 그래서 친구들이랑 맛있는 분식도 먹고 재미있게 놀았어요. 그랬더니 기분이 조금 좋아져 다음 날 다시 학교에 갔어요. 이 정도가 10점짜리 행복이에요. 이처럼 나에게 소소한 행복을 주는 선택과 행동과 생각들을 꼭 수첩에 써 놓으세요. 그리고 틈나는 대로 10점짜리 행복을 느껴 보세요. 그러면 고난이 왔을 때 그 힘겨움을 견뎌 낼 수 있습니다.

Q 02
요즘 대부분 사람들은 유튜브나 인스타그램 같은 소셜 네트워크에서 자신의 주관적인 판단과 선택이 아니라 AI 알고리즘이 정해 주는 대로 콘텐츠를 보고 있다고 생각합니다. 이런 환경이 지속된다면, 미래 사회에서는 우리의 주체적 사고 능력이 크게 떨어지지 않을까요? 이 문제를 어떻게 해결해야 할까요?

맞아요. 가끔 알고리즘이 내 취향을 훤히 꿰고 있어서 편리하기도 하고 한편으로는 당황스럽기도 해요. 저는 이 문제를 몇 가지 방법으로 해결합니다. 간단하게는, 저는 자주 로그아웃해요. 좀 더 적극적인 방법으로는, 여러 계정을 만들어 사용하기도 하죠. 요즘에는 계정을 서너 개 정도 만들 수 있잖아요. 저도 계정이 몇 개 있어요. 어떤 날은 A 계정으로 로그인해서 A 유형의 콘텐츠를 검색하고, 또 어떤 날은 B 계정으로 로그인해서 B 유형의 콘텐츠를 검색합니다.
이 방법은 몇 가지 장점이 있어요. 먼저, 이렇게 A, B, C 계정에 따른 유형을 다양하게 설정하면 의식적으로라도 좀 더 많은 분야에 관심을 가지게 되고 내 안의 다양성이 발현합니다. 또한 A 계정에 로그인한 다음 알고리즘이 제시하는 콘텐츠를 B와 C의 시선으로 보면서 내가

그 분야에 대해 얼마나 편협했는지 깨달을 수 있습니다. 알고리즘이 제시하는 콘텐츠가 내가 이제껏 관심을 가졌던 콘텐츠를 분석한 결과치라면, 결국 알고리즘의 굴레에서 벗어나는 것도 우리 몫이라고 생각합니다.

Q 03

저는 평소에 심리학에 관심이 많아서 대학을 심리학과에 가려고 하는데요. 같이 심리학을 공부하는 주변 사람들이나 이미 심리학과를 전공하는 분들을 보면, 가끔 제가 다른 사람들보다 뒤떨어지고 부족한 느낌이 들어서 속상합니다. 이런 감정을 어떻게 극복할 수 있을까요?

제가 대학원 다닐 때 많이 들었던 얘기가 있습니다. "너는 어떤 직업을 가져도 좋지만, 말하는 직업은 가지지 마라." 진짜 말을 못했거든요. 말을 조리 있게 못하고 버벅대기만 했어요. 그런데 지금 제가 왜 말을 그나마 좀 잘하는 편이 됐고, 강연자로서 조금이나마 알려지게 됐을까요?

간단합니다. 말을 많이 했어요. 시도 때도 없이 의도적으로 집요하게 말을 많이 하려고 노력했어요. 제가 얼마 전에 우리나라를 대표하는 유명한 프로게이머 한 분을 만났습니다. 어떻게 그리 오랫동안 세계 1위 자리를 유지하느냐고 물어봤더니, 그분 대답이 너무 간단했습니다. "제가 전 세계에서 이 게임을 제일 많이 해요." 멋진 심리학자가 되고 싶은가요? 심리학 공부를 많이 하면 됩니다. 남들보다 더 많이 읽고, 더 다양하게 경험하고, 더 자주 대화해 보세요. 그거 말고 다른 방법이 없습니다.

사실 고등학생 때까지는 아무리 공부해도 차이가 별로 안 드러납니다. 한두 해 열심히 공부한다고 해서 전문가가 될 수는 없죠. 게다가 고등학생 때는 똑같은 교과 과목에서 고루 성적을 내야 하기 때문에 특정 분야에 제아무리 전문 지식을 갖추어도 그걸 인정해 주지 않습니다. 하지만 졸업한 뒤에는 확 차이가 납니다. 고등학생 시절 읽은 책들이 자기 분야를 집중해서 공부할 때 든든한 밑천이 되어 줍니다. 그러니 꿈을 포기하지 말고, 지금 너무 걱정하지도 말고, 앞으로 열심히 나아가세요.

Q 04
지금 중·고등학생들은 자기가 좋아하는 일을 해야 할지, 아니면 주변 어른들이 원하는 직업을 가져야 할지 상당히 고민하고 있습니다. 중·고등학생들이 어느 길을 선택해야 할까요?

여러분은 자신이 좋아하는 분야이자 동시에 까탈스러워하는 분야에서 일해야 합니다. 예를 들어, 저는 모든 음식을 다 좋아합니다. 제가 못 먹는 유일한 음식은 상한 음식이에요. 그럼 저는 어떤 직업을 가지면 안 될까요? 요리사입니다. 왜냐하면 음식에 대한 분별력, 미세한 맛의 차이를 가려내지 못하기 때문입니다.

마냥 좋기만 한 분야에서 일하면 새로운 변화를 내오기 힘들어요. 그러니까 여러분은 자신이 좋아하는 부분과 싫어하는 부분이 분명하게 구분되는 분야에서 일해야 합니다. 좋아하는 일을 하면서도 싫어하는 부분을 고치고 대안을 내오는 게 재능이에요. 어른들이 권하는 직업은 내가 가야 할 길을 선택하는 데 아주 사소하고 부수적인 참고 사항일 뿐입니다.

FUN&LEARN।

우리는 어떤 새로운 일에 도전할 때,
이성적이고 합리적으로 그 결과를 예측해야 한다.
하지만 때로는 도전의 의미와 가치만을 위해
과감하게 시도해 보는 것도 멋진 태도라고 생각한다.
게다가 불가능에 도전하는 순간,
일말의 성공 가능성이 생겨나기도 한다.

테세우스 신화에서
배우는 도전의 가치

김헌

FUN&LEARN

PROFILE

김헌

서울대학교 불어교육과를 졸업하고, 동 대학원 철학과에서 석사 학위(서양고대철학, 플라톤), 서양고전학 협동과정에서 석사 학위(서양고전학, 호메로스)를 받고 박사 과정을 수료한 후, 프랑스 스트라스부르대학교에서 박사 학위(서양고전학, 아리스토텔레스)를 받았다. 현재 서울대학교 인문학연구원 교수로 재직 중이다. 서양 고대 그리스의 문학과 신화, 고전기 아테네의 수사학과 철학이 주요 관심 분야이다. 쓴 책으로는 《고대 그리스의 시인들》《인문학의 뿌리를 읽다》《그리스 문학의 신화적 상상력》《김헌의 그리스 로마 신화》《신화의 숲》《전쟁터로 간 소크라테스》 등이 있고, 옮긴 책으로는 《두 정치연설가의 생애》《그리스 지도자들에게 고함》《'어떤 철학'의 변명》 등이 있다.

그리스·로마 신화, 인류 지식의 원천

안녕하세요. 저는 그리스·로마 고전을 사랑하고 연구하고 가르치는 서양고전학자 김헌입니다. 제가 학교에서 강의하거나 학회에서 발표할 때는 역사·철학·수사학 같은 분야를 많이 다루는데, 청소년이나 일반 대중들을 만날 때는 그리스·로마 신화를 많이 이야기하게 되더라고요. 아무래도 흥미진진하고 재미있는 이야기가 가득하니까요. 뿐만 아니라 그리스·로마 신화는 제 기준으로 보자면, 인류 지식의 가장 원천적인 모습을 담고 있어요. 이 신화를 바탕으로 해서 역사와 철학과 인간의 모든 지적 활동이 생겨나지 않았나 생각합니다. 그리스·로마 신화는 인류 전체 신화 중에 가장 유명하고 또 많이 다뤄집니다. 그만큼 많은 내용이 들어 있고, 다양하게 해석됩니다.

그 많은 이야기 중에서 오늘은 제가 개인적으로 가장 많이 영향받은 테세우스 이야기를 여러분과 나눠 볼까 해요. 테세우스 신화가 모든 사람에게 가장 중요한 신화라고 평가할 수는 없겠지만, 적어도 제 인생에 있어서는 그렇습니다. 제가 그리스·로마 신화 중에서 가장 힘을 얻은 이야기가 바로 테세우스입니다. 그리고 미래를 준비하고 있는 여러분에게 꼭 해 주고 싶은 이야기가 많이 담겨 있는 듯하여 이 자리에 가져와 봤습니다.

먼저 신화란 무엇인지를 간단히 알아보겠습니다. 많은 사람들은 신화 하면 허구적인 이야기, 허무맹랑한 이야기 정도로 생각하죠. 하지만 신화가 만들어지고 작동하던 고대에는 하나의 진실이고 종교이고 세계관과 가치관을 형성해 준 지적인 힘이었습니다. 미국의 비교종교학자이자 신화학자 조지프 캠벨은 "신화란 상징적인 이미지와 이야기의 조합이며, 이것이 인간 경험의 가능성에 대한 은유로 작동한다."고 정의했어요. 말이 좀 어렵죠? 학자들은 이렇게 좀 어렵게 말하는 경향이 있습니다. 조금만 주목해서 풀이해 보자면, 조지프 캠벨은 신화를 두 가지 차원에서 정의하고 있어요. 먼저 '신화란 상징적인 이미지와 이야기가 조합되어 있다.'고 했어요. 다음으로 '신화란 인간 경험 가능성에 대한 은유다.'고 말하고 있어요. 쉽게 풀이하자면 '인간이 경험할 수 있는 것들을 은유적으로 표현했다.'는 뜻이죠. 이제부터 테세우스 이야기를 통해서, 조지프 캠벨의 말이 어떤 의미를 갖는지 여러분과 함께 고민해 보도록 하겠습니다.

고대 그리스 문명의 쌍두마차

고대 그리스에는 처음에 미노스 문명과 미케네 문명이 생겨났다가 사라집니다. 그리고 한동안 암흑기를 겪고 난 뒤, 여러 도시 국가가 생겨나면서 고전기에 이릅니다. 이 고전기를 대표한 두 도시 국가는 스파르타와 아테네입니다.

스파르타는 펠로폰네소스반도에, 아테네는 그리스 본토 쪽에 자리 잡고 있었어요. 두 나라는 그리스의 패권을 차지하기 위해 경쟁했어요. 스파르타는 주변 국가들과 함께 펠로폰네소스 동맹을 이뤘고, 아테네도 주변 국가들과 델로스 동맹을 맺어 힘을 키웠습니다. 스파르타는 전통적으로 육군이 강했고, 아테네는 해군이 강했어요. 오른쪽 지도에서 아테네를 중심으로 한 세력(붉은색)을 살펴보면 섬

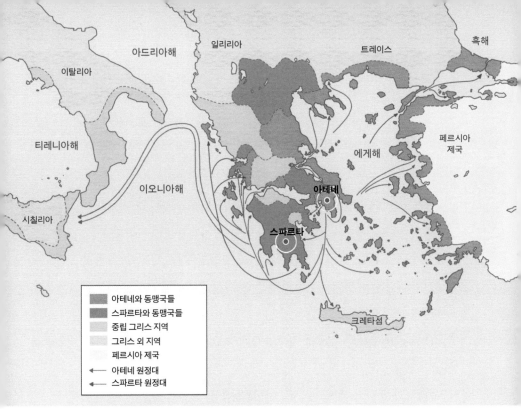

이탈리아
아드리아해
일리리아
트레이스
흑해

티레니아해

페르시아
제국

이오니아해
에게해

아테네

시칠리아

스파르타

크레타섬

아테네와 동맹국들
스파르타와 동맹국들
중립 그리스 지역
그리스 외 지역
페르시아 제국
← 아테네 원정대
← 스파르타 원정대

고대 그리스 문명 당시 세력을 나타낸 지도
파란색은 스파르타를 중심으로 한 세력(대륙 세력)을, 빨간색은 아테네를 중심으로 한
세력(해양 세력)을 나타낸다.

이 아주 많이 포함되어 있습니다. 두 세력은 마치 물결이 일렁이듯
성장과 쇠퇴를 거듭합니다. 스파르타로 대표되는 대륙 세력이 강성
해지면 아테네가 이끄는 해양 세력이 움츠러들고, 그 반대 상황이
연출되기도 했습니다.

　이후 인류 역사는 대륙(육상) 세력과 해양 세력의 대결이 이어집
니다. 기마술이 발달하면 육상 세력이 세계를 휩쓸다가 항해술이
발달하면 해양 세력이 융성해졌습니다. 두 세력은 문화적으로도 다
른 색깔과 모양의 발자취를 남겼습니다. 이처럼 인류 역사를 육상
세력과 해양 세력의 경쟁으로 보는 시각은 오늘날 세계를 이해하는

데도 큰 도움이 됩니다. 현대 국제 관계를 연구하는 분들은 대체로 미국을 해양 세력, 중국과 러시아를 대륙(육상) 세력으로 규정합니다. 현대의 국제 문제를 해양 세력과 대륙(육상) 세력의 대결 구도로 접근해 보면 훨씬 다양하고 깊이 있게 이해할 수 있습니다.

다시 그리스 고전기로 돌아가 보겠습니다. 스파르타와 아테네는 페르시아 제국이 쳐들어오자 힘을 합쳐 막아 냅니다. 하지만 페르시아가 물러나자 그리스 패권을 두고 경쟁합니다. 급기야 기원전 431년에 전쟁을 벌였고, 이 전쟁은 27년간 지속됐습니다. 바로 펠로폰네소스 전쟁입니다.

전쟁은 바람직한 경쟁의 형태는 결코 아니지만, 스파르타와 아테네의 경쟁을 꼭 안 좋은 쪽으로 해석할 필요는 없습니다. 두 도시 국가는 경쟁을 통해 함께 성장하고 문명을 발전시켰습니다. 이들은 정치·경제·문화·사회 제도 등 모든 분야에서 경쟁했어요. 당연히 신화를 두고도 경쟁했어요. 각각 자기네 수호 영웅을 내세웠습니다. 스파르타는 그리스·로마 신화를 대표하는 영웅 헤라클레스를 내세웠습니다. 그러면 아테네는 누구를 수호 영웅으로 내세웠을까요? 바로 테세우스입니다. 헤라클레스에 견주기 위해 아테네가 선택했던 인물이 바로 테세우스예요. 테세우스는 과연 어떤 사람일까요?

아이게우스가 받은 신탁의 의미

테세우스의 어린 시절을 먼저 알아봅시다. 테세우스의 아버지로 알려진 사람은 아이게우스입니다. 아이게우스는 권력을 잡고 아테네의 왕이 되었지만, 주변에 자신을 무너뜨리려는 경쟁자가 많았어요. 아이게우스는 늘 불안했습니다. 게다가 왕위를 이을 후계자, 아들이 생기지 않아서 더 안절부절못했습니다.

아이게우스는 어떻게 하면 후계자를 얻을 수 있을까 고민하다가, 델피에 있는 아폴론 신전을 찾아갔습니다. 델피는 고대 그리스 사람들이 세상의 배꼽, 지구의 중심으로 여기던 신성한 지역이었어요. 델피에서도 가장 상징적이고 중요한 장소가 바로 아폴론 신전이었습니다. 그만큼 아폴론은 고대 그리스인들이 믿고 의지하던 신이었습니다. 아폴론은 태양의 신이자 예언의 신이었어요. 당시 사람들은 자신의 미래가 궁금하면 아폴론 신전을 찾아가 여사제(피티아)에게 물었습니다. 피티아 여사제는 사람들의 궁금증이나 바람을 아폴론에게 전달하고, 아폴론의 말을 사람들에게 전달해 주는 중계자였습니다. 이처럼 신이 중계자를 통해 자기 뜻을 나타내거나 인간의 물음에 대답하는 행위를 '신탁'이라고 합니다.

아폴론 신전을 찾아간 아이게우스는 피티아 여사제에게 "어떻게 하면 후계자를 얻을 수 있겠습니까? 제가 아들이 없어서 고민입니다." 하고 물었습니다. 그러자 피티아 여사제는 아이게우스에게 "아테네로 돌아갈 때까지 포도주 부대의 끈을 풀지 마라."고 신의 뜻을 전했습니다. 어떤 뜻인지 아시겠어요? 단순하게 풀이하자면, 그냥 술을 마시지 말라는 얘기처럼 들립니다. 아이게우스는 신탁받은 내용이 너무나 간단해서 오히려 고민됐어요. '내가 모르는 좀 더 깊은 뜻이 숨어 있지는 않을까?' 이렇게 생각한 거죠.

아폴론 신전에서 나온 뒤, 아이게우스는 아테네로 돌아가는 길에 트로이젠이라는 나라에 들렀습니다. 트로이젠의 왕 피테우스는 신

피티아 여사제에게
신탁을 묻는
아이게우스로,
1846년 베를린
고고학 협회 빙켈만
페스티벌 프로그램
6권에 실린 자료이다.

탁이나 어려운 문제를 잘 풀어내는 지혜로 유명했습니다. 피테우스를 만난 아이게우스는 아폴론 신전에서 경험한 이야기를 들려주고, 신탁 내용이 어떤 뜻인지 물었습니다. 피테우스는 눈치가 빨라서 신탁의 속뜻을 알아차렸습니다. 피테우스는 짐짓 아무것도 모르는 척하면서, 오랜만에 만났으니 술이나 실컷 마시며 즐겁게 지난 이야기나 나누자고 유혹했어요. 아이게우스는 찝찝했어요. 아폴론 신이 포도주 부대의 끈을 풀지 말라고 했는데 친구가 술을 마시자고 조르니 망설였지요. 하지만 피테우스가 자꾸 권하는 바람에 결국 술을 받아 마셨습니다. 한 잔 두 잔 마시다 보니 잔뜩 술에 취해 버렸죠.

다음 날 아침이었어요. 침대에서 일어난 아이게우스는 깜짝 놀랐어요. 자기 옆에 아리따운 아가씨가 잠들어 있는 거예요. 아가씨는 바로 피테우스의 딸 아이트라였습니다. 왜 이런 일이 벌어졌을까요? 사실 이 모든 일은 피테우스가 꾸민 짓입니다. 피테우스는 아이게우스의 신탁 이야기를 듣자마자 이렇게 생각했습니다. '아이게우스가 아테네로 돌아가는 내내 술을 마시지 않는다면 아무 일도 일어나지 않을 거야. 그러면 자기 부인과 사랑을 나눌 테고 둘 사이에 아들이 태어나겠지. 그 아들은 당연히 후계자가 되어 왕위를 이을 거야. 하지만 가는 길에 술을 마시면 어떻게 될까? 뭔가 사건이 일어날 게 분명해. 그 사건의 주인공이 내 딸이라면, 아이게우스와 내 딸 사이에 아들이 태어난다면 어떨까? 그 아들, 내 외손자는 장차 아테네의 왕이 되겠지. 그러면 내 영향력도 한껏 커지겠지.'

　참 어이없죠? 자기 욕심을 채우려고 이미 결혼한 친구에게 자기 딸을 준 셈입니다. 자, 아이게우스는 아주 난처한 상황에 빠졌습니다. 어떻게 해야 할까요? 아무리 꾐에 빠졌더라도 잘못을 저질렀으면 책임을 져야 합니다. "미안하게 됐다. 이렇게 된 이상 내가 당신을 책임지겠다." 이렇게 아이트라에게 용서를 빌고, 아테네로 데려가서 보살펴주죠. 하지만 그러지 않았어요. 아이게우스가 낯선 여자를 데려간다면 부인은 불같이 화를 낼 테고, 백성들도 수군거릴 게 뻔했습니다. 비난받을 게 두려웠던 아이게우스는 피테우스의 딸 아이트라를 아테네로 데려가지 않았습니다. 그러면서도 아들 욕심은 있었는지, 혹시 아들을 낳거든 아테네로 보내라고 말합니다.

아이트라는 왜 테세우스를 떠나보냈을까

아이게우스가 떠나고 난 뒤, 아이트라는 아들을 낳았습니다. 아이는 무럭무럭 자라났죠. 아이가 자라면서 엄마한테 가장 많이 물었던 질문이 무엇이었을까요? 주말 드라마에 많이 나오는 대사죠. "엄마, 왜 난 아빠가 없어? 다른 친구들은 다 있는데, 난 뭐야?"

그러면 엄마는 뭐라고 대답했을까요? "아테네의 왕 아이게우스가 네 아빠다." 하고 사실대로 말했을까요? 웬걸, 아이트라는 아주 예상 밖의 이야기를 아들에게 들려주었습니다. 아이트라는 아이가 아빠 이야기를 물을 때마다 바닷가로 데리고 나갔습니다. 그리고는 "바다를 봐라. 네 아버지는 바다를 다스리는 포세이돈이다." 하고 말했어요.

사실일까요? 인간의 기준에서 보자면 사실일 리 없죠. 그런데 신화에 따르면 아이트라가 아이게우스와 밤을 보냈던 그날, 또 다른 일이 있었습니다. 아이트라는 그날 밤에 포세이돈 신전을 찾아갔다가 그곳에서 포세이돈과 뜻하지 않게 사랑을 나누었다고 합니다. 아이트라 입장에서도 누가 진짜 아빠인지 모르는 상황이라고 할 수 있죠. 어쨌든 신화에 따르면 그렇다는 이야기입니다. 인간적으로 따져 보면 아이에게 자신감을 주려고 한 말일 수도 있어요. "아버지가 왜 없냐면, 아버지가 바다의 신 포세이돈이기 때문이야." 이렇게 얘기하면 아이가 얼마나 든든하고 자랑스럽겠어요. 아버지가 지금 곁에 없지만, 어디선가 늘 지켜 주고 있을 테니까요. 언젠가 만날 수도 있을 테고요.

아이는 엄마 말을 그대로 믿고 자랐습니다. "나는 포세이돈의 아들이야. 지금은 아버지가 없어도 꿋꿋이 살아갈 거야. 언젠가 아버지와 만날 테니까!" 이러면서 말이죠. 여러분도 눈치챘죠? 이 아이가 바로 테세우스입니다.

테세우스는 무럭무럭 자라서 힘세고 멋진 청년이 되었습니다. 그러던 어느 날, 아이트라는 테세우스에게 집 앞에 있는 큰 돌을 밀어서 옮겨 보라고 했습니다. 테세우스가 돌을 밀어서 옮겼더니, 그 밑에서 칼과 신발이 나왔어요. 누가 커다란 돌 밑에 칼과 신발을 묻어 둔 걸까요? 바로 아이게우스였습니다. 아이게우스는 아테네로 떠나기 전에 칼과 신발을 돌 밑에 묻어 두고 아이트라에게 말했어요. "혹시 당신이 아들을 낳거든, 아이가 커서 이 돌을 옮길 수 있을 만큼 성장했을 때 이 징표를 가지고 나에게 오라고 하시오."

큰 돌을 옮기고 있는 테세우스를 그린 것으로 1888년에 출간된 《소녀와 소년을 위한 탱글우드 이야기》의 그림이다.

아이트라 입장에서는 아들을 보내고 싶을까요? 나 같으면 안 보내고 싶었을 것 같아요. 자기를 버리고 떠난 아이게우스가 얼마나 괘씸하고 미웠겠어요. 아이트라는 홀몸으로 어렵사리 아이를 키웠어요. 다행히 테세우스는 아이트라가 의지하며 살아갈 만큼 듬직하고 건강하게 잘 자라 주었어요. 그런 사랑스런 아들을 아이게우스에게 쉽사리 보내지 못했을 거예요.

하지만 아이트라는 테세우스를 아이게우스에게 보내기로 합니다. 아이트라는 왜 테세우스를 떠나보내겠다고 결심했을까요? 그리스·로마 신화에서 아이트라는 아주 짧게 등장하지만, 이 여성은 우리의 상상력을 자극하고 영감을 줍니다. 신화가 설정한 비극적이고 수동적인 여성의 삶을 살아가는 듯 보이지만, 한편으로는 매우 능동적이고 결단력 있는 인물입니다. 여러분도 나중에 아이트라에 대해 한번 깊이 생각해 보기 바랍니다.

자, 아이트라는 테세우스에게 이렇게 말합니다. "사실 네 아버지는 아테네 왕 아이게우스다. 네가 이제 충분히 성장했으니 아버지를 찾아가거라." 테세우스는 당연히 깜짝 놀랐죠. 그동안 자기가 포세이돈의 아들이라고 하더니 이제 와서 진짜 아버지는 아이게우스래요. 게다가 그 아버지한테 가라고 엄마가 등을 떠밀었으니까요.

테세우스는 아버지한테 가고 싶었을까요? 안 가고 싶었을 것 같아요. "엄마, 나 안 가. 내가 떠나고 나면 엄마 혼자 남아서 어떻게 살려고 그래? 나는 엄마 모시고 여기서 살 거야. 그리고 아버지라는 사람은 엄마를 버리고 떠났었다며. 내가 갔는데 모른 척하면 나는 어떡하라고!" 아마 아이트라와 테세우스는 몇 날 며칠 갈등하고 고민하고 이야기를 나눴을 거예요. 두 사람은 얼마나 마음이 아팠을까요. 하지만 아이트라는 뜻을 굽히지 않았고, 테세우스는 결국 "그래요. 한번 가 볼게요." 하고 결심한 거예요.

스스로 모험의 길을 선택하다

트로이젠에서 아테네로 가는 길은 크게 두 갈래로, 하나는 배를 타고 가는 길입니다. 배를 타면 편안하고 빠르게 하루 만에 도착할 수 있어요. 또 하나는 육로로 가는 길입니다. 육로는 오랜 시간이 걸리고, 가는 길에 예상치 못한 어려움에 빠질 수 있습니다. 여러분 이라면 어디로 가겠습니까? 편하게 배 타고 가야죠. 뭐하러 고생합니까?

하지만 테세우스는 다른 선택을 합니다. 위험한 육로로 길을 나선 것입니다. 테세우스는 왜 이런 바보 같은 선택을 했을까요? 제가 강의하면서 이 질문을 했더니 어떤 학생이 "테세우스가 뱃멀미가 심했던 것 아닐까요?" 하고 대답하더라고요. 기발하고 재미있기는 하지만 신화적 서사와는 거리가 먼 대답입니다.

테세우스는 왜 육로를 선택했을까요? 배를 타고 편하게 아테네로 가면 어떻게 될까요? 테세우스는 아테네가 어떤 상황인지, 아버지가 반겨 줄지, 누가 자기 편이고 적인지, 백성들이 자기를 어떻게 생각할지 전혀 모릅니다. 이런 상황에서 과연 테세우스가 바라는 대로 일이 잘 풀릴까요? 난관에 부딪히면 잘 극복할 수 있을까요? 테세우스는 차라리 좀 멀리 돌아가더라도 내가 누구인지, 내가 어떤 일을 할 수 있는 사람인지, 그리고 나의 한계가 어디까지인지 먼저 알아보기로 한 거죠.

이제부터 알아보겠지만, 테세우스는 뭔가 멋진 면모가 많은 인물이에요. 그냥 그렇고 그런 인물이라면, 스스로 어려운 길을 선택한 이유가 뱃멀미 말고는 설명이 안 돼요. 아테네의 수호 영웅으로 등장하지도 못했을 테고요.

길을 나선 테세우스는 에피다우루스라는 도시에 다다랐습니다. 그런데 이곳에 가는 길에 사람들이 테세우스에게 경고했어요. "에피다우루스에는 굉장히 위험한 악당이 있다. 페리페테스라는 놈인데, 청동 곤봉을 휘두르면서 사람을 때려잡는다. 아주 사악한 놈이니 조심해라." 페리페테스 이야기를 들은 테세우스 마음이 어땠을까요? 아마 이야기를 듣는 순간 겁에 질렸을 겁니다. 테세우스는 지금까지 누구와 싸워 본 적이 없고, 자기 싸움 기술과 체력이 어느 정도인지 알지 못해요. 그런 상황에서 괜히 싸움에 말려들었다가 봉변을 당할 수도 있습니다.

우리가 새로운 도전을 하려면 낯설고 어려운 길을 가야 하고 난관에 부딪히기도 해요. 문제를 해결하지 못하고 어려움에 빠지면, 우리는 한숨을 쉬며 후회하고는 해요. '그때 내가 괜히 이 길을 선택했나?' 하면서요. 또 그냥 포기하거나, 쉬운 길을 선택하거나, 나를 돌봐 주고 보호해 주는 사람들에게 기대고 싶어지죠. 테세우스도 그랬을 거예요. 엄마한테 돌아가거나 배를 타고 편하게 아테네로 갈까 고민했겠죠.

하지만 테세우스는 두려움을 떨치고 악당과 맞서 보기로 했어요. 어려움을 경험하고 이겨 내기 위해 육로를 선택한 거잖아요. 마침내 테세우스는 페리페테스를 만났습니다. 세상에! 이렇게 험악하

테세우스의 모험을 표현한 도기

게 생기고 무지무지하게 힘세 보이는 사람은 난생처음이었어요. 테세우스는 겨우 마음을 다잡고 페리페테스와 맞서 싸웠습니다. 듣던 대로 페리페테스는 힘이 장사였고, 청동 곤봉을 이쑤시개처럼 휘둘렀습니다. 하지만 놀랍게도 테세우스는 순식간에 페리페테스를 넘어뜨리고 청동 곤봉으로 때려죽입니다. 이때부터 테세우스는 이 청동 곤봉을 자신의 무기로 삼았습니다.

그때 테세우스는 어떤 마음이었을까요? 성취감, 승리감, 자신감 같은 게 생겼겠죠? 자기가 생각보다 훨씬 세다는 사실을 느꼈을 테니까요. 하지만 한편으로 굉장히 큰 피로감이 몰려왔을 겁니다. 세상에 나와서 처음 만난 상대가 이토록 험악하고 힘센 악당이었으니, 앞으로 고생길이 훤히 보이는 듯했겠죠. 계속 이런 길을 가야 하나 걱정되었을 것입니다. 하지만 테세우스는 '그래, 이제 장애물 하나 넘었는데 여기서 포기할 수는 없지. 또 어떤 일이 생기나 부딪혀 보자.' 이렇게 스스로를 다독이며 다시 한번 길을 나섰습니다.

난관을 이겨 내며 경험을 쌓다

두 번째 악당은 시니스였습니다. 시니스는 지나가는 사람을 잡아서 소나무 가지에 묶어 죽이는 악취미를 가진 산적이었어요. 그는 힘껏 구부린 소나무 가지에 사람의 팔과 다리를 묶은 다음 가지를 탁 놓아 버렸죠. 그럼 어떻게 될까요? 팔과 다리가 다 찢겨 나가요. 그만큼 시니스는 힘도 세고 포악했습니다. 하지만 테세우스는 이번에도 두려움을 물리치고 시니스와 맞섰습니다. 그러고는 시니스가 사람들에게 저지른 방식과 똑같이 시니스를 소나무에 묶어 찢어 죽였습니다.

테세우스가 또 길을 나서 크롬미온 지역에 다다랐을 때, 이번에는

시니스를 처벌하고 있는 테세우스를 그린 것으로 1880년에 제작된 목판화이다.

멧돼지가 날뛴다는 거예요. 크롬미온의 멧돼지는 밤낮없이 돌아다니며 사람들을 괴롭혔습니다. 테세우스는 산속으로 들어가 멧돼지가 다니는 길목에서 기다렸습니다. 며칠 뒤 드디어 멧돼지가 나타났습니다. 멧돼지는 무시무시한 울음을 터트리며 집채만 한 몸집을 번개처럼 움직여 테세우스에게 달려들었습니다. 테세우스는 멧돼지의 주둥이를 움켜쥐고 청동 곤봉으로 죽였습니다.

테세우스가 다음에 도착한 지역은 메가라였습니다. 메가라에서는 스케이론이라는 악당이 악명을 떨치고 있었습니다. 스케이론은 바닷가 절벽에 숨어 있다가 지나가는 사람들을 붙잡아서 자기 발을 씻기게 하는 치욕을 주었어요. 그런 다음 발로 차 절벽에서 바다로 떨어뜨렸습니다. 테세우스는 스케이론의 발을 씻겨 주는 척하다가 똑같은 방식으로 스케이론을 절벽에서 바다로 떨어뜨렸습니다.

이처럼 테세우스는 사람들이 악당들에게 당했던 방식 그대로 복수했습니다. 오늘날 시선으로 보자면 다소 잔인한 방법이에요. 하지만 이건 어디까지나 신화 이야기입니다. 앞서 이야기했듯이, 우리는 신화의 상징과 은유를 현시대에 걸맞게 해석하고 삶의 지침으로 삼아야 합니다.

테세우스가 다섯 번째로 만난 악당은 엘레우시스 지역의 왕 케르키온이었습니다. 케르키온 왕은 엘레우시스를 지나가는 사람들을 붙들고 레슬링을 하자고 강요했습니다. 케르키온 왕은 레슬링 시합에서 단 한 번도 져 본 적이 없었어요. 레슬링 시합에서 진 사람들은 모두 죽임을 당했습니다. 하지만 테세우스는 시합에서 케르키온 왕을 이겨 냅니다. 케르키온 왕은 단 한 번의 패배로 죽음을 맞이했습니다.

그다음에 만난 악당은 프로크루스테스입니다. 프로크루스테스는 여관 주인이었어요. 사람들이 여관에 하룻밤 묵으려고 오면 프로크루스테스는 그 사람의 키를 먼저 살폈습니다. 그러고는 키가 큰 사람은 작은 침대가 있는 방으로, 키가 작은 사람은 큰 침대가 있는 방으로 안내했습니다. 사람들이 침대에서 잠이 들면 프로크루스테스는 재빨리 침대에 묶었습니다. 그런 다음 키가 큰 사람에게는 "너는 왜 이렇게 키가 커?" 하면서 팔과 다리와 머리를 잘랐습니다. 또 키가 작은 사람에게는 "너는 왜 이렇게 키가 작아?" 하면서 팔과 다리와 머리를 잡아 늘렸습니다. 억지를 부려 사람을 죽인 거죠.

여러분, 혹시 이런 일 당해 본 적 있나요? 사실 우리는 이런 일을 숱하게 겪으며 살고 있습니다. 서양에서는 이런 상황을 빗대어 '프로크루스테스 침대'라고 표현합니다. "당신은 왜 나를 당신의 프로크루스테스 침대에 옭아매려고 합니까?" 이렇게 말하는 거죠. 타인을 자기 기준에 맞춰 억지로 판단하고 재단하는 건 아주 잘못된 행위예요.

생각해 보면, 우리는 수많은 프로크루스테스를 만납니다. 아마 여러분 마음속 어딘가에서는 엄마·아빠·선생님이 프로크루스테스 같은 존재라고 생각할 수도 있어요. 또 여러분이 어떤 기준을 가지고 상대를 함부로 평가하고 강요한다면 여러분 자신이 프로크루스테스가 되는 거죠. 테세우스는 프로크루스테스를 잡아서 침대에 묶고, 똑같이 복수해 줍니다. 여러분도 테세우스가 되어 프로크루스테스에게 맞서 보세요.

지혜와 인내로 죽음의 고비를 넘기다

이처럼 테세우스는 많은 악당과 괴물을 물리치고 마침내 아테네에 도착했습니다. 그러고는 곧장 아버지를 만났어요. 테세우스는 자기가 아이게우스의 아들이라는 이야기를 꺼내지 않고 묵묵히 주변 상황을 살폈습니다. 아이게우스가 테세우스를 알아봤을까요? 못 알아봤어요.

하지만 한 사람은 테세우스의 비밀을 금세 눈치챘어요. 바로 메데이아라는 여인입니다. 메데이아는 아이게우스의 세 번째 부인인데, 그리스·로마 신화 전체에서 가장 악독한 여인으로 손꼽힙니다. 아이게우스의 첫째, 둘째 부인은 아들을 낳지 못했어요. 그래서 아이게우스는 메데이아를 셋째 아내로 삼았는데, 둘 사이에서 아들이 태어난 거예요. 만약 테세우스가 아이게우스를 찾아오지 않았다면 이 아이가 후계자가 되겠죠. 눈치 빠른 메데이아는 테세우스를 보자마자 아이게우스 아들이라는 사실을 알아차렸어요. 만약 남편이 테세우스가 아들이라는 사실을 깨달으면 어떻게 될까요? 메데이아는 자기 아들이 왕위를 이어받기는 커녕 위험에 빠질 거라고 생각했어요. 그래서 테세우스를 없애 버리려고 결심합니다.

메데이아는 아이게우스를 꼬드겼습니다. "여보, 며칠 전에 아테네에 온 청년 얘기 들어 봤어? 오는 길에 숱한 악당과 괴물을 물리쳤다는 소문이 자자하더라고. 그런데 왜 위험을 무릅쓰고 아테네까지 왔겠어? 당신을 쫓아내고 왕 자리에 오르려고 그러는 것 아니야? 가만두면 안 돼."

경쟁자들에게 왕위를 빼앗길까 봐 늘 걱정하던 아이게우스는 메데이아 말에 깜짝 놀랐어요. 그 낯선 젊은이가 정말 힘도 세고 사람들한테 인기도 많아서 자기를 밀어내고 왕위를 차지하면 어떡하나 걱정됐어요. 아이게우스는 오랜 고민 끝에 좋은 생각을 떠올렸습니다. 마침 아테네의 마라톤이라는 곳에 미친 황소가 날뛰고 돌아다녔는데 테세우스에게 이 황소를 잡아 오라고 하는 것이었죠. 만약 테세우스가 황소를 물리치면 아테네의 큰 골칫거리를 하나 해결하는 셈이고, 황소가 테세우스를 죽이면 그 또한 걱정거리가 사라지는 셈입니다. 아이게우스로서는 손해 볼 게 없는 멋진 계획이었습니다.

아이게우스는 당장 테세우스에게 요청했어요. "자네 소문을 익히 들었네. 그런데 우리에게도 문젯거리가 있는데, 마라톤에 미친 황소가 돌아다녀서 사람들 피해가 이만저만이 아니라네. 자네가 황소

아이게우스와 메데이아를 만난 테세우스를 그린 것으로 1888년에 출간된《소녀와 소년을 위한 탱글우드 이야기》의 그림이다.

를 잡아 줄 수 있겠나?"

아이게우스의 말을 듣는 테세우스 마음이 어땠을까요? 아버지가 자기를 알아보지도 못하고 오히려 죽음으로 내모는 상황이 결코 즐거울 리 없죠. 사실 테세우스는 이미 메데이아가 아이게우스 마음을 쥐락펴락한다는 사실을 눈치챘어요. 누가 자기 편이고 누가 적인지 대번에 알아차린 거죠. 만약 테세우스가 배를 타고 편하게 아테네에 왔더라면 어땠을까요? 힘겨운 경험도 하지 않았고, 자신의 능력을 키우지도 못했기 때문에 주변 상황이 어떻게 돌아가는지 헤아리지 못했을 거예요. 어쩌면 메데이아와 아이게우스의 꼼수에 속아서 죽음을 맞이했을지도 모릅니다.

하지만 숱한 역경을 이겨 내고 실력을 키웠기 때문에 침착하게 대응할 수 있었어요. "제가 가서 황소를 잡아 오겠습니다." 이렇게 대답하고는 마라톤에 가서 미친 황소와 맞서 싸웁니다. 골칫거리였던 황소를 잡아 끌고 오는 테세우스의 모습을 상상해 보세요. 백성들은 그 모습을 보며 환호성을 질렀습니다. 왕도 해결하지 못한 문제를 건장한 젊은이가 해결해 냈다며 찬사를 보냈습니다.

테세우스에 열광하는 백성들을 보며 아이게우스와 메데이아는 더욱 불안해졌습니다. 이번에도 메데이아는 아이게우스를 꼬드겼습니다. 황소를 잡아 온 테세우스를 축하해 주는 자리를 마련한 다음 독이 든 술로 죽이자고 말입니다. 아이게우스는 잔치를 벌여 테세우스를 초대했습니다. 그러고는 잔을 건네죠. "아테네의 걱정거리를 자네가 해결해 줘서 이렇게 축하 자리를 마련했다네. 자, 축배의 잔에 들게." 물론 아이게우스가 권한 술에는 독이 들어 있었습니다. 하지만 테세우스는 두 사람이 자기를 죽이려 한다는 사실을 훤히 꿰뚫어 보고 있었죠.

테세우스가 잔을 받고 어떤 마음이 들었을까요? '아버지라는 사람이 진짜 나를 죽이려고 하는구나. 내가 이런 상황을 모르고 왔었으면 아무것도 모른 채 죽을 뻔했구나. 아버지는 정말 끝까지 나를 못 알아보는 걸까?' 이런 마음이었을 거예요. 테세우스는 마지막으로 아이게우스에게 힌트를 줍니다. 바로 아이게우스가 남겨 두고 떠난 칼을 꺼내 놓은 거죠. 그런 다음 독이 든 잔을 들어 마시려고 했습니다.

절체절명의 순간, 아이게우스는 테세우스가 꺼내 놓은 칼을 보고서야 그 젊은이가 자기 아들이라는 사실을 깨달았습니다. 아이게우스는 테세우스가 든 술잔을 얼른 빼앗았습니다. 모든 일을 꾸몄던 메데이아는 재빨리 자리를 벗어나 멀리 도망갔습니다. 아이게우스는 너무나 기쁜 나머지 테세우스를 아들로 인정하고 왕위를 이을 후계자로 선포합니다.

아이게우스는 주변 나라의 왕과 귀족을 모두 모아 축하 잔치를 벌였습니다. 테세우스가 아테네에 오기 훨씬 전에 벌어진 일이라는 말도 있습니다. 어쨌든 이 축하 잔치가 또 다른 화근을 불러일으킵니다. 잔치에는 크레타섬의 안드로게오스 왕자도 손님으로 초대되었습니다. 안드로게오스는 잔치를 기념하는 운동 경기에 참여해서 죄다 우승을 차지해 버렸어요. 아테네 사람들은 질투와 분노에 휩싸여서 안드로게오스를 죽여 버렸습니다.

안드로게오스의 아버지 미노스 왕은 아들의 죽음 소식에 길길이 날뛰었습니다. "내 아들의 핏값을 받아 내겠다!" 당시 크레타는 그리스에서 가장 강력한 도시 국가였습니다. 미노스 왕은 군대를 이

끌고 매섭게 아테네를 휩쓸어 버립니다. 승리를 거둔 미노스 왕은 아이게우스 왕에게 이렇게 요구합니다. "내 아들이 여기서 죽었다. 아테네는 앞으로 해마다 내 아들 목숨값으로 처녀 일곱 명과 총각 일곱 명을 크레타에 바쳐라."

아이게우스는 꼼짝없이 미노스 왕의 요구를 들어줄 수밖에 없었습니다. 아이게우스는 무능한 왕처럼 보입니다. 왕위를 노리는 경쟁자들 걱정만 하고, 신탁 내용을 제대로 이해하지 못했고, 아이트라를 책임지지 못했고, 메데이아의 꾐에 빠지고, 테세우스를 알아보지 못했고, 하다못해 미친 황소 문제도 해결하지 못하고, 크레타와의 전쟁에서 속절없이 패배했잖아요.

그런데 미노스는 왜 하필 처녀 일곱 명과 총각 일곱 명을 바치라고 했을까요? 당시 크레타섬에는 미노타우로스라는 괴물이 살았어요. 미노타우로스는 얼굴과 꼬리는 황소이고 몸은 사람의 모습을 하고 있었어요. 미노타우로스는 성질이 사나웠고, 심지어 사람을 해치기도 했습니다. 하지만 미노스는 미노타우로스를 차마 죽이지 못했어요. 왜냐하면 미노타우로스는 자신의 부인과 포세이돈이 그에게 보내 준 하얀 황소 사이에서 태어났기 때문입니다. 놀라운 것은 이 황소가 크레타를 벗어나 그리스 본토로 왔고, 마라톤에서 횡포를 부리던 놈이었다는 사실입니다.

미노스는 한 번 들어가면 빠져나올 수 없는 미로 궁전을 지은 다음 미노타우로스를 그 안에 가뒀어요. 그러고는 먹이로 사람을 집어넣어 주었습니다. 그러니까 미노스 왕이 아테네에 요구했던 청년들은 바로 미노타우로스의 먹이가 되었던 겁니다.

실패를 향해 나아가는 용기

미노스 왕의 요구를 들은 테세우스는 어떻게 했을까요? 테세우스는 아이게우스에게 요청했습니다. "아테네의 젊은이들이 잡혀가서 미노타우로스의 먹이가 된다고 합니다. 이 나라의 왕자인 제가 그런 비극적인 일을 그저 지켜볼 수만은 없습니다. 저를 보내 주시면 어떻게든 해결해 보겠습니다." 아이게우스는 당연히 왕위를 이을 후계자가 위험에 빠지면 안 된다고 반대했습니다. 하지만 테세우스는 뜻을 굽히지 않았습니다. "왕이 될 사람이 백성들의 희생을 모른 체한다면, 나중에 왕이 됐을 때 백성들이 믿어 주겠습니까? 저는 왕이 될 자격과 능력이 있다는 걸 보여 주겠습니다. 왕자로서 책임을 다하겠습니다. 저를 보내 주십시오. 성공하지 못할 수도 있지만, 이 일은 피할 수 없을 것 같습니다."

사실 아이게우스가 테세우스를 말리는 이유는 분명합니다. 테세우스가 아무리 싸움을 잘하고 지혜롭다고 해도 이번 모험은 아주 위험합니다. 앞서 테세우스가 싸웠던 악당과 괴물은 미노타우로스에 비하면 하찮은 존재들이었습니다. 이번 모험은 성공 가능성이 전혀 없었고, 죽음만이 기다리고 있었거든요. 포악한 미노타우로스와 싸워서 이긴다는 보장도 없고, 설령 이겼다 해도 더 큰 난관이 기다리고 있었습니다. 바로 한번 들어가면 빠져나올 수 없는 미궁입니다. 그러니 어쨌거나 모험의 결말이 실패로 정해져 있는 셈이었습니다.

하지만 테세우스는 죽음을 향해 나아갑니다. 저는 이 대목이 아주 놀라워요. 가치는 있지만, 도전하는 의미는 있지만, 성공 가능성이 없는 길을 향해 나아가는 모습 말이에요. 어떤 도전을 할 때, 성공의 가능성을 면밀하게 따져 본 후에 결정해야 지혜로운 일이잖아요. 그 가능성이 낮을 때 도전을 감행하는 일은 무모한 일이라고 할 수 있습니다. 지금 테세우스의 모험이 그런 것이었습니다.

크레타섬에 도착한 테세우스는 미노스 왕을 만났습니다. 그러고는 당당히 요청합니다. "나는 아테네의 테세우스 왕자입니다. 당신 아들의 목숨값은 내가 갚겠습니다. 미노타우로스와 맞설 테니 제가 미노타우로스를 물리친다면, 더 이상 아테네 청년들의 희생을 요구하지 마십시오." 미노스 왕은 테세우스의 요청을 받아들입니다.

그런데 이때 두 사람이 만나는 장면을 지켜본 사람이 있었습니다. 바로 미노스의 딸 아리아드네입니다. 아리아드네는 용감하고 멋진 테세우스의 모습을 보고 첫눈에 반해 버렸어요. 아리아드네는 테세우스에게 몰래 다가갔습니다. "내가 실타래를 줄 테니 이걸 가지고 가세요. 실타래를 풀면서 미궁에 들어갔다가, 되감아 나오면 무사히 탈출할 수 있을 거예요. 미궁에서 나오면 나와 결혼해 주세요."

아리아드네의 말을 들으며 테세우스는 어떤 전율을 느꼈을 거예요. 아리아드네의 방법이 너무나도 기발하고 지혜로웠기 때문이겠죠? 하지만 그보다 더 큰 놀라움의 이유가 있었습니다. 테세우스는 성공 가능성이 전혀 없지만, 도전해야 하는 가치에 목숨을 걸었습니다. 도전 자체에 그만큼의 의미를 부여한 거죠. 우리는 어떤 새로운 일에 도전할 때, 이성적이고 합리적으로 그 결과를 예측해야 합니다. 하지만 때로는 도전의 의미와 가치만을 위해 과감하게 시도해 보는 것도 멋진 태도라고 생각합니다. 게다가 불가능에 도전하는 순간, 일말의 성공 가능성이 생겨나기도 합니다. 테세우스처럼 말이죠. 만약 도전하지 않았다면 성공 가능성은 영영 제로에 머물

테세우스와 미노타우로스가 싸우는 모습을 묘사한 조각상

렀을 것입니다.

테세우스는 아리아드네의 도움을 받아 미궁으로 들어가서 미노타우로스를 죽이고 무사히 빠져나올 수 있었습니다. 진정한 영웅으로 태어나는 순간입니다. 테세우스는 나중에 아테네의 왕이 되었습니다.

그리스·로마 신화에는 수많은 인물과 사건이 등장합니다. 그 인물과 사건들 하나하나는 수많은 상징성을 띠고, 다양하게 해석할 수 있습니다. 여러분이 어떤 상징성을 발견하고, 어떻게 해석하느냐에 따라 여러분 삶에 아주 중요한 자양분으로 삼을 수 있습니다. 여러분이 어떤 문제에 부딪혔을 때 그걸 넘어설 방법을 밝혀 줄 것입니다.

그중에서 저는 오늘 여러분에게 테세우스를 소개했습니다. 테세우스의 발자취를 도전 정신이라는 측면에서 해석해서 여러분에게 보여 드렸습니다. 다시 말씀드리지만, 도전할 때는 성공 가능성을 합리적으로 슬기롭게 잘 판단해야 합니다. 그러나 의미 있는 도전이라면 성공 가능성이 없더라도 시도해 봐야 합니다. 여러분의 삶이 도전의 고개를 넘을 때마다 더 풍요롭고 더 알차고 더 단단해질 것입니다.

마지막으로 신화 속 인물이 아닌 현실의 신화적인 사람을 한 명 소개하겠습니다. 누군지 다 알 거예요. 미국 프로 농구의 전설적인 인물 마이클 조던입니다. 마이클 조던이 이런 말을 했습니다. "I've missed more than 9000 shots in my career." 풀이하자면 '나는 선수 생활 동안 9000번도 넘게 골을 넣지 못했다.'입니다. 마이클 조던의 뒤이은 말입니다. "나는 거의 300번의 경기에서 패배했다. 승패의 결정적인 순간에 감독은 나를 믿고 슛 기회를 맡겼지만 나는 26번이나 실패했다. 내 인생에서 나는 실패하고 실패하고 실패했다. 그리고 그것이 내가 성공한 이유다."

실패에만 주목하면 실패한 삶 같지만, 마이클 조던은 실패를 통해서 성공의 비결을 찾아냈어요. 실패를 두려워하지 않고 도전하는 순간 성공 가능성을 조금씩 높일 수 있습니다. 이렇게 얻은 성공이야말로 정말로 달콤하고 빛나지 않을까 생각합니다. 이것으로 제 이야기를 마치겠습니다.

66 그리스·로마 신화는 수많은 상징성을 띠고,
다양하게 해석할 수 있습니다.
어떤 상징성을 발견하고, 어떻게 해석하느냐에 따라
여러분 삶에 중요한 자양분으로 삼을 수 있습니다. 99

Q 01

어떨 때 도전하고 어떨 때 과감하게 포기해야 하는지 현명하게 판단할 수 있을까요?

제가 오늘 도전의 가치에 관해 이야기했는데요. 사실 조금 더 이야기를 진행하자면 포기할 줄도 알아야 합니다. 그게 현명한 판단일 때가 있어요. 너무 무모하고 의미도 없고 괜한 자존심 때문에 억지로 도전하는 것은 추천하지 않습니다. 적절한 선에서 포기하는 용기도 당연히 필요합니다. 다만 오늘 주제의 연장선상에서 다시 한번 강조하자면, 내가 꼭 해야 할 도전, 내가 꼭 가 보고 싶은 길은 포기하지 않고 걸어갔으면 좋겠습니다.

Q 02

교수님도 혹시 실패의 경험이 있었나요? 만약 있었다면 그걸 어떻게 극복했는지 궁금합니다.

예, 오늘도 실패했습니다. 사실 주어진 강연 시간을 지키지 못하고 넘겨 버렸거든요. 그리고 순간순간 많이 실패합니다. 아침에 제가 세웠던 계획을 잘 실천했나 저녁에 돌이켜 보면, 미처 실행하지 못한 일도 있고, 실행은 했지만 뭔가 미흡하고 아쉬움이 많이 남는 일도 있습니다. 이처럼 끊임없이 실패하고 있는데, 아까 마이클 조던 얘기도 그렇지만 제가 실패한 것에만 주목하면 저는 실패자라고 얘기할 수 있습니다. 자칫 패배감에 사로잡혀 움츠러들 수 있어요.

하지만 제가 실패한 것과 잘 해낸 것을 비교하면 꼭 그렇지만은 않아요. 계획했던 목표를 제법 잘 실행한 경우도 많아요. 또 실패를 통해서 내가 다음에는 더 잘 해낼 수 있는 경험을 쌓았다고 긍정적으로 받아들이기도 합니다. 제가 살아온 날들을 뒤돌아보면 그렇다는 이야기입니다.

Q 03
우리 사회는 실패에 관대하지 않아서 테세우스가 나오기 힘든 상황이라고 생각합니다. 어떻게 하면 실패에 관대한 사회를 만들 수 있을까요?

성과 제일주의와 속도전이 미덕이 된 현대 사회에서 실패에 대해 관대함을 바라는 건 사실 쉽지 않습니다. 그런 열린 사회가 오면 우리 삶이 훨씬 풍성하고 여유로워질 텐데 말이죠.

그렇지만 닫힌 사회 탓을 하며 앉아 있기보다는 일단 자기 자신부터 변화해 보면 어떨까 생각해요. 그러니까 우리는 어떤 목표를 세우고 도전했다가 실패하면, 거기서 자책하고 좌절하는 데 익숙해요. 자신에게 관대하지 못하고 너무 가혹한 거죠. 겸허히 반성하고 성찰하되 주저앉으면 안 돼요. '내가 오늘은 실패했지만 더 잘할 수 있어.' '왜 실패했는지 이유를 알았으니 다음번에는 두 번 다시 같은 실수를 되풀이하지 않을 거야.' 이렇게 자신의 마음을 단단하게 세우는 태도가 제일 중요해요. 흔히들 얘기하듯이, 세상이 바뀌지 않으면 내가 먼저 바뀌어야 해요.

나아가 저는 거기에 하나 덧붙이고 싶어요. 내가 변하면 세상을 조금씩 변화시킬 수 있습니다. 이 말씀을 꼭 드리고 싶습니다.

Q 04
교수님이 생각하는 도전의 정확한 의미와 교수님 인생에서 가장 큰 도전은 무엇이었는지 궁금합니다.

제가 생각하는 도전은 크게 두 가지 상황에서 생겨납니다. 먼저, 내가 이루고 싶은 목표가 생겼을 때입니다. 다음으로, 내가 해야 하는 책임감이 생겼을 때입니다. 우리는 늘 이 두 가지 상황 앞에 놓입니다. 내가 이루고 싶은 목표에만 집중하면 이기주의자가 될 수 있고, 내가 해야 하는 책임감에만 집중하면 개인적인 성취감과 행복을 느끼지 못할 수도 있습니다. 여러분은 두 가지 상황을 적절하고 조화롭게 선택해야 합니다.

제 인생에서 가장 큰 도전은 이 자리에서 여러분과 만나고 있는 상황과도 연관이 있습니다. 저는 사실 예전에 고등학교 교사였습니다. 학생들을 가르치는 게 참 보람 있고 좋았습니다. 그런데 한편으로는 제가 관심 있는 분야를 개인적으로 공부하는 것도 너무 재미있었어요. 그래서 공부를 계속하다가, 어느 시점에 제가 좀 더 본격적으로 공부할지 아니면 교직 생활에 집중할지 결정해야 했습니다. 그때가 30대 중반이었습니다. 오랜 고민 끝에, 저는 한 번 사는 삶인데 내가 하고 싶은 일에 제대로 도전해 보자고 결심했습니다. 그러고는 그날로 사표를 내고 교직을 그만두었어요. 제가 그때 결혼을 했던 터라 아내와 아이 둘이 있었습니다. 주변 사람들은 저를 보고 정신 나갔다, 미쳤다고 했어요.

저는 아내와 아이들을 데리고 프랑스로 건너갔어요. 다음 날부터 왜 이런 길을 선택했을까, 엄청 후회했습니다. 프랑스에서 지내는 5년 내내 후회하지 않는 날이 없었습니다. 그렇지만 동시에 저는 제가 이루고 싶었던 목표를 향해 조금씩 나아갔고 그때마다 성취감을 느꼈습니다. 앞서 테세우스가 제 삶에 힘을 줬다는 시기가 바로 그때입니다. 제가 테세우스 연구에 몰입했던 것도 이 때문이었습니다. 저는 테세우스가 신적인 능력을 지닌 위대한 영웅이라기보다는 두려워하고 후회하고 좌절하는 인간으로 보였습니다. 갈등하고 괴로워하면서도 거기서 무너지지 않고 도전하는 모습에 연민과 친근함을 느꼈습니다. 덕분에 저도 하루하루 후회하면서도 다음 날 새로운 세계를 맞이할 수 있었습니다. 여러분도 앞으로 수많은 도전의 순간을 맞이할 것입니다. 그 모든 과정이 결코 쉽지 않을 것입니다. 그렇다고 도전을 안 하거나, 힘든 순간에 멈추면 그걸로 끝입니다. 끝까지 이겨 내면서 앞으로 나아갈 때 큰 성취를 얻을 수 있을 것입니다.

Q 05
교수님은 학창 시절에 어떻게 공부했나요?

참 어려운 질문이네요. 뭐, 그냥 열심히 했습니다. 돌이켜 보면, 몇몇 과목은 아주 재미있었어요. 그래서 제가 좋아하는 과목은 열심히 했고, 별로 좋아하지 않는 과목은 소홀히 했었죠. 여러분도 비슷할 거예요. 좋아하지 않는 과목을 공부하기가 너무 힘들었던 기억이 나네요. 그때 그걸 참고 이겨 냈으면 어땠을까 하는 생각도 들고, 한편으로는 내가 좋아하는 과목만 열심히 해도 괜찮은 교육 시스템이 갖추어진다면 얼마나 좋을까 하는 생각도 듭니다. 사실 그 많은 과목을 모두 열심히 공부해서 좋은 성적을 내라고 강요하는 건 문제라고 생각해요. 그건 어른들 욕심이고 잘못이죠. 여러분에게 이렇게밖에 이야기할 수 없어서 미안한 마음입니다.

FUN&LEARN

암은 유전자 변이가 축적되어 발생하는 병으로
오랜 기간에 걸쳐서 발생하는 만성 질환이다.
암세포는 한 번 생기면 증식을 멈추지 않는다.
하지만 우리는 충분히 암을 예방하고 극복할 수 있다.
더불어 암 치료의 새로운 지평을
여러분이 열어 줄 것으로 기대한다.

암, 그것이 알고 싶다

방영주

FUN&LEARN

PROFILE

방영주

서울대학교 명예교수이다. 서울대학교 의과대학을 졸업하고, 1986년부터 2020년 2월까지 서울대학교 의과대학과 서울대학교병원 내과 교수를 지냈다. 그동안 수많은 암 환자를 진료하면서 암에 관한 실험적 연구와 임상 연구를 병행하여 많은 연구 업적을 내었다. 특히, 새로운 항암제의 1상 임상 시험과 위암의 새로운 치료법에 관한 임상 시험에 있어서 세계적인 연구 성과를 내어 2020년부터 계속하여 'Highly Cited Researcher'로 선정되고 있으며, 아산의학상, 보건산업기술대상 등 여러 상을 수상하였다. 학내에서는 내과학교실 주임교수, 암연구소 소장, 임상시험센터 센터장 등을 맡아 연구와 진료의 발전을 위해 힘썼고, 대외적으로는 대한암학회, 대한종양내과학회 이사장 등을 맡아 학술 활동과 지식의 전파를 위해 노력하였다.

우리 사회 암 발생률과 사망률

안녕하세요. 저는 지난 30여 년 동안 서울대학교 의과대학과 서울대학교병원에서 암을 연구하고 암 환자를 진료하다가 3년 전쯤에 정년 퇴임했습니다. 그동안 강의를 참 많이 했는데 청소년 여러분과 직접 만난 적은 처음이에요. 그래서 굉장히 긴장됩니다.

오늘 제 강의 주제가 좀 무겁죠? 암, 현대인의 사망 원인 1위입니다. 1983년에 우리나라에서 처음으로 사망 원인 통계를 낸 이후에 40여 년 동안 꿋꿋이 1위를 지키는 게 바로 암입니다. 뒤쪽의 첫 번째 그래프는 2022년 한국인의 사망 원인 통계를 보여 주고 있습니다. 2022년에도 사망 원인 가운데 22.4퍼센트가 암이었어요. 2위인 심장 질환보다 훨씬 많습니다. 틀림없이 앞으로 10년 동안도 암은 한국인 사망 원인 1위 자리를 차지하고 있을 거예요.

뒤쪽의 두 번째 그래프는 암 발생률과 사망률이 우리나라에서 해마다 어떻게 변하는지 보여 주고 있습니다. 위쪽 세 개의 선은 암 발생률을 나타내고 있는데요. 맨 위쪽에 회색 선이 남성, 아래쪽에 보라색 선이 여성, 가운데 주황색 선이 남녀의 평균 암 발생률입니다. 어느 나라에서건 남성의 암 발생률이 여성의 암 발생률보다 높습니다. 가장 큰 이유는 남자가 발암원(암을 일으키는 원인)에 더 많이 더 자주 노출되기 때문입니다.

이 그래프를 보면 2000~2010년 사이에 암 발생률이 굉장히 가파르게 올라간 게 눈에 띕니다. 사실 실질적인 암 발생이 늘어난 건 아니에요. 여러분 중에서도 뉴스에서 본 사람이 있겠지만 '갑상선암'이라고, 암 치고는 매우 느리게 증식하고 힘이 그리 세지 않은 암

2022년 한국인 사망 원인

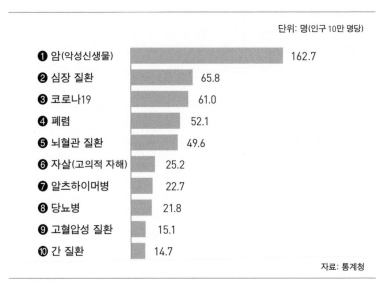

단위: 명(인구 10만 명당)

❶ 암(악성신생물)	162.7
❷ 심장 질환	65.8
❸ 코로나19	61.0
❹ 폐렴	52.1
❺ 뇌혈관 질환	49.6
❻ 자살(고의적 자해)	25.2
❼ 알츠하이머병	22.7
❽ 당뇨병	21.8
❾ 고혈압성 질환	15.1
❿ 간 질환	14.7

자료: 통계청

연도별 한국인 암 발생률과 사망률

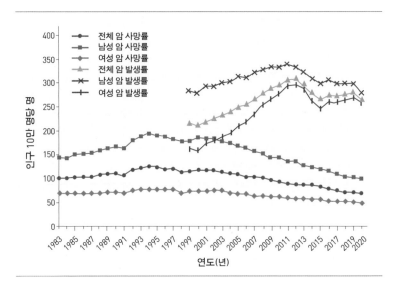

이 있습니다. 갑상선암은 좀 천천히 진단하고 치료해도 괜찮아요. 그런데 2000년대 들어서 많은 병원에서 초음파 검사를 통해 아주 쉽게 갑상선암을 진단할 수 있었어요. 갑상선암 진단율이 높아지면서 암 발생률이 크게 올라간 것입니다. 가파른 상승률은 2010년 이후 한풀 꺾입니다. 이 현상을 감안하고 보더라도, 우리나라의 암 발생률은 계속해서 늘어나고 있습니다. 1999년에 비하면 2021년에는 암 발생률이 24퍼센트나 늘었습니다.

앞으로도 한동안 암 발생률은 늘어날 거예요. 그 이유가 뭘까요? 한국인의 수명이 늘어났기 때문입니다. 수명이 늘어나면 암 발생률은 늘어날 수밖에 없습니다. 자세한 이유는 뒤에 다시 말씀드리겠습니다.

그래프 아래쪽 세 개의 선은 암으로 인한 사망률입니다. 역시 맨 위의 선은 남성이고, 아래쪽 선은 여성, 가운데 선은 평균치를 나타냅니다. 그런데 자세히 보면, 암 사망률이 계속 늘어나다가 2000년대 들어 지속적으로 떨어지고 있습니다. 암 사망률이 감소하고 있다는 뜻입니다. 1999년에 비하면 현재 우리나라 암 사망률은 34퍼센트나 감소했어요.

왜 이런 현상이 나타날까요? 암을 빠르게 진단하고, 암을 치료하는 뛰어난 의술과 의약품이 계속 연구·개발되고 있기 때문입니다. 우리나라의 암 진단법, 치료법, 수술, 항암제 등 의료 기술은 최근 십여 년 동안 매우 빠르게 발전했습니다. 오늘날 세계적으로 가장 뛰어난 수준에 올라섰습니다.

호발암 발생률과 사망률, 그리고 연령별 암 발생률

다음으로, 우리나라의 호발암(발생 빈도가 높은 암)에 대해 알아봅시다. 오른쪽 두 그래프는 남성에게 일어나는 각종 암 발생률과 사망률을 보여 줍니다. 발생률 그래프를 보면, 맨 위에 주황색 선이 위암입니다. 남성의 경우 인구 10만 명당 위암 발생률은 전 세계에서 우리나라가 1등입니다. 그런데 위암은 2000년대 들어서 조금씩 감소합니다. 1년에 평균 0.7퍼센트씩 감소해서 2020년에 드디어 2위로 떨어졌어요. 여러 가지 이유가 있겠지만 헬리코박터 치료, 개선된 위생 등과 관계가 있다고 봅니다.

그러면 어떤 암이 위암을 제치고 1등을 차지했을까요? 폐암입니다. 폐암 발생률은 일정 수준에서 거의 수평을 유지하고 있습니다. 꾸준히 안 떨어지는 게 폐암입니다. 그래서 현재 우리나라 남성이 가장 많이 걸리는 암이 됐습니다.

그리고 세 번째는 대장암입니다. 대장암을 나타내는 연두색 선을 보면 2011년까지 굉장히 빠르게 증가하다가 최근에 감소하는 게 보이죠. 우리나라 식생활이 서구식으로 바뀌면서 사람들이 아주 많은 지방과 열량을 섭취합니다. 이 때문에 증가한 암이 몇 가지 있는데, 그중 하나가 대장암이에요. 그런데 이 대장암이 왜 최근에 감소하게 되었을까요?

대한민국 국민이라면 누구라도 간편하게 대장내시경 검사를 할 수 있어요. 내시경 검사는 대장의 건강 상태를 아주 정밀하고 정확하게 진단합니다. 정기적으로 내시경 검사를 하면 암을 예방할 수 있어요. 내시경으로 대장을 들여다보면 사람에 따라 작은 혹 같은

우리나라 남성의 호발암 발생률

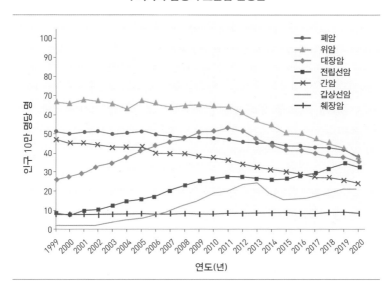

우리나라 남성의 호발암 사망률

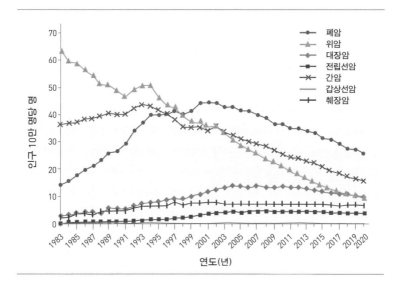

게 생겨나 있습니다. 이걸 폴립polyp이라고 해요. 폴립 중에 약 1퍼센트는 시간이 흐를수록 자라서 나중에 암이 될 수 있거든요. 따라서 폴립을 미리 떼 주면 대장암을 예방할 수 있어요. 덕분에 대장암 발생률이 꾸준히 감소하고 있습니다.

그다음에 조금씩 올라가는 갈색 선은 전립선암입니다. 전립선암 발생은 앞으로도 수명이 늘어날수록 계속 증가할 것입니다. 5위는 간암입니다. 간암은 B형 간염 바이러스가 백신으로 퇴치되면서 많이 감소했지만, 아직도 발생률이 높은 자리를 차지하고 있습니다.

이번에는 남성의 암 사망률 그래프를 보겠습니다. 주황색 선을 보면 1990년대 중반까지 사망률이 가장 높았다가 엄청나게 빨리 떨어졌습니다. 위암 사망률 그래프입니다. 이런 현상은 위내시경을 통한 조기 진단 효과가 가장 크고요. 두 번째는 우리나라 의사들이 위암 수술 실력이 그만큼 좋아졌다는 뜻이기도 합니다. 2000년대 들어서 사망률이 3위 아래로 떨어졌습니다. 1990년대 중반까지 두 번째로 높은 사망률 자리를 차지하던 게 간암이었습니다. 현재도 사망률이 2위이긴 하지만 다행히 사망률이 계속 감소하고 있어요.

그다음에 초록색 선은 폐암입니다. 폐암은 매우 골칫거리입니다. 1990년대 말까지 사망률이 빠르게 늘다가 2000년대 들어 감소하고 있지만, 그 폭이 크지 않습니다. 그만큼 치료하기가 어려운 암입니다. 현재 우리나라 남성의 암 발생률과 사망률 1위가 바로 폐암입니다. 그다음 대장암·췌장암·전립선암 등이 낮은 순위에 머물러 있고요. 이 가운데 전립선암은 발생률은 늘어나는데 사망률은 그리 높지 않습니다.

이제 여성의 호발암 그래프를 살펴봅시다. 발생률이 가장 높은 암

우리나라 여성의 호발암 발생률

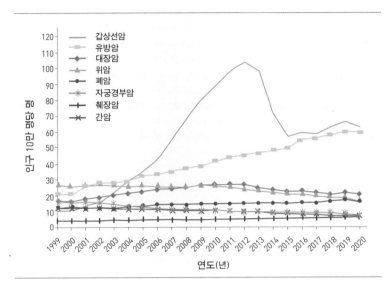

우리나라 여성의 호발암 사망률

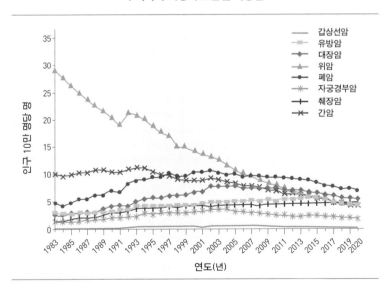

은 갑상선암입니다. 여성에게 갑상선암 발생률이 늘어나는 이유는 앞서 이야기했듯이 초음파 검사로 갑상선암을 진단하는 기술이 발전했기 때문입니다. 갑상선암은 주로 30대 여성에게 많이 생깁니다.

그다음이 유방암입니다. 최근 들어 젊은 여성들 사이에서 유방암 발생률이 늘어나고 있는데, 서구식 식생활과 더불어 아이를 낳지 않거나 모유 수유를 하지 않기 때문으로 보입니다. 갑상선암과 유방암을 제외하면 나머지 암은 남성에 비해 변화가 심하지 않습니다. 다만, 여기에서 주목할 건 폐암입니다. 폐암 발생률은 아주 낮지만 조금씩 올라가고 있습니다. 그 이유는 아무래도 여성의 흡연 인구 증가와 관계가 있습니다.

다음으로 여성의 암 사망률 그래프를 보면, 역시 위암 사망률은 가파르게 떨어졌습니다. 현재는 여성의 암 사망률 1등도 역시나 폐암입니다.

오른쪽 연령별 암 발생률 그래프를 잠깐 살펴볼까요? 먼저 남성의 암 발생률 그래프를 보면 한눈에 딱 들어오죠? 젊은 나이에는 별로 암에 안 걸립니다. 40대부터 걸리기 시작해서 나이가 들수록 급격히 늘어납니다. 암은 나이가 든 사람의 병입니다.

여성도 똑같은데 예외가 있어요. 어떤 이유인지 갑상선암은 30대, 유방암은 40대에 가장 많이 발생합니다. 유방암이 40대에 가장 높은 발생률을 보이는 현상은 여성 호르몬 때문이라고 생각합니다. 그러니까 여성의 난소 기능에 따른 효과 때문입니다. 다만 갑상선암이 30대에 많이 발생하는 직접적인 이유는 아직 확실히 밝혀지지 않았습니다.

제 이야기를 듣는 여러분 가운데 누군가는 '암은 40대 이후에나

우리나라 남성의 연령별 암 발생률

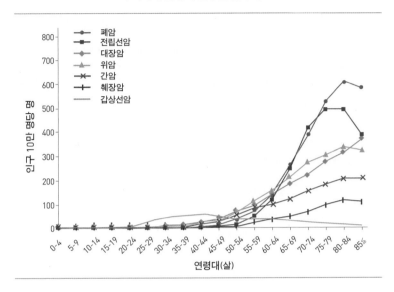

우리나라 여성의 연령별 암 발생률

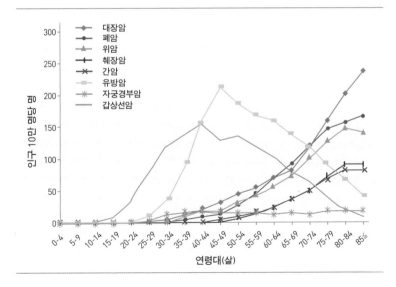

걸린다고 하니까 나는 아직 10대라서 별로 걱정할 게 없네.' 하고 생각할지도 모르겠어요. 그렇지 않습니다. 여러분 나이에 반드시 암과 관련한 정보를 제대로 알고 있어야 합니다. 제가 이 자리에서 여러분과 이야기를 나누는 이유이기도 합니다. 그러면 암에 대해 좀 더 본격적으로 알아보도록 하겠습니다.

유전자 변이와 암세포

암은 대체 어떤 질환일까요? 암은 한마디로 유전자 변이가 축적되어 발생하는 병입니다. 여러분도 유전자에 대해서는 어느 정도 배웠죠? 특정 단백질을 만드는 DNA의 기능적 단위를 유전자라고 합니다. 유전자가 어떤 이유 때문에 손상되어 변이가 생기고, 이 변이가 세포에 축적되면 암세포로 바뀝니다.

대장에서 암이 발생하는 과정을 예로 들어 볼까요? 오른쪽 그림을 보면 대장 표면을 덮고 있는 정상적인 상피세포가 어떤 이유로 유전자 변이를 일으켜서 볼록하게 솟아오릅니다. 이게 시간이 지나면서 작은 혹 모양의 폴립(선종)이 생겨납니다. 과거에는 이걸 물혹이라고 했는데, 선종 또는 폴립이라는 의학 용어를 쓰는 게 더 좋겠어요. 선종이 더 커지면 그중 일부가 암이 됩니다. 이처럼 정상 세포가 작은 선종이 되고 큰 선종이 되고 대장암이 되는 주된 이유는 유전자 변이 때문입니다. 유전자 변이가 쌓이고 쌓이면 암세포가 되어 대장암을 일으킵니다.

이런 유전자 변이가 흔하게 일어나지는 않아요. 또한 유전자 변이

대장암 발생 과정

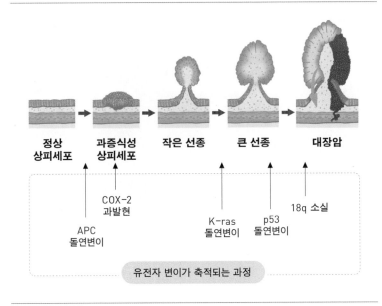

정상 상피세포 → 과증식성 상피세포 → 작은 선종 → 큰 선종 → 대장암

APC 돌연변이
COX-2 과발현
K-ras 돌연변이
p53 돌연변이
18q 소실

유전자 변이가 축적되는 과정

가 오랫동안 쌓여야 암세포로 가기 때문에 10년, 20년, 30년이 걸리기도 합니다. 암은 굉장히 오랜 시간 발암원에 노출되어 유전자 변이가 쌓이고 쌓여서 생기는 대표적인 만성 질환입니다. 급성 질환이 아니에요.

어른들이 이렇게 얘기하는 걸 들어 본 적 있을 거예요. "누구네 집안에 안 좋은 일이 있어서 속을 썩이다가 병원에 갔더니 암에 걸렸더래." 절대 그럴 리 없습니다. 암은 굉장히 오랜 시간이 필요한 질환입니다.

물론, 폐암도 마찬가지입니다. 흡연과 폐암의 관계에 대해서는 여러분도 귀에 딱지가 앉도록 많이 들었을 거예요. 우리나라는 1960년 대 근대화 시기부터 흡연량이 굉장히 높아졌어요. 다행히 2010년대

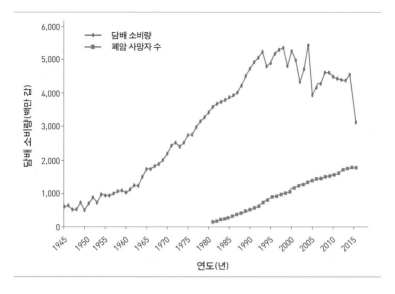

우리나라 담배 소비량과 폐암 사망자 수

부터 크게 떨어졌고, 현재는 우리나라 국민의 19퍼센트 정도가 흡연하고 있습니다. 그런데 폐암 발생률은 1980년대부터 빠르게 증가합니다. 즉, 폐암은 평균적으로 담배를 20년쯤 피워야 생기는 병입니다. 폐 세포가 흡연 때문에 유전자 변이를 일으켜서 20년쯤 쌓이면 폐암이 된다는 뜻이에요.

앞서 잠깐 보았듯이 폐암은 40대부터 걸리는데, 지금 여러분 때부터 담배를 피우면 폐암에 걸리기 딱 좋은 조건이 됩니다. 폐암에 걸리기 싫으면 지금부터 담배를 피우지 말아야 해요. 40세가 되어서 '이제부터 담배 안 피울 거야.' 하고 다짐해도 소용없습니다. 물론 담배를 안 피우면 그 순간부터 폐암에 걸릴 확률이 떨어지기는 합니다. 하지만 흡연 때문에 변이된 세포는 영원히 정상으로 돌아가지 못해요. 담배를 얼마간이라도 피운 사람은 평생 담배를 피우지 않는 사람보다 폐암에 걸릴 확률이 매우 높습니다. 그러니까 여러분은 절대로 담배를 피우지 마세요. 만약 피우고 있다면 이 순간부터 꼭 금연하세요.

암세포의 무한 증식과 전이

암이 가진 특징 가운데 하나가 지속적인 증식성입니다. 암세포는 한 번 생기면 증식을 멈추지 않아요. 정상 세포는 우리가 성장하는 시기에 빠른 속도로 자랍니다. 그러다가 어느 정도 크기가 되면 더 이상 커지지 않아요. 세포가 증식은 하지만 그에 비례해서 죽기 때문에 세포 수는 일정합니다. 이와 같은 정상 세포의 항상성 때문에 여러분이 매일 아침에 일어날 때마다 코가 커지거나 작아지는 일은 일어나지 않아요. 정상 세포의 수는 피노키오가 아니라면, 늘 일정하게 유지됩니다.

그에 반해 암은 항상성이 깨지는 병이라고도 할 수 있습니다. 암세포는 계속 자랍니다. 언제까지? 치료하지 못하면 환자가 죽을 때까지 늘어납니다. 암세포 하나가 두 개로, 두 개가 네 개로, 네 개가 여덟 개로 증식합니다. 이 암세포가 10억 개가 모이면 지름 1센티미터 정도의 구슬만큼 커집니다. 이처럼 10억 개가 만들어지기까지는 수년 이상 걸립니다. 달리 말하자면, 암세포가 처음 생겨난 뒤 현대 의료 기술이 진단할 수 있기까지는 수년 이상의 시간이 걸린다는 뜻이에요.

10억 개의 암세포가 모여서 지름이 1센티미터 정도 크기가 되면

정상 세포와 암세포의 증식 비교

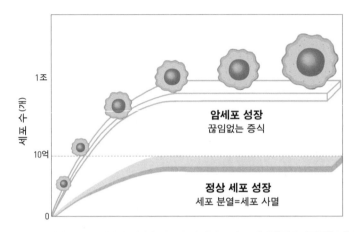

정상 세포는 일정한 시기에 이르면 더 이상 수가 늘어나지 않는다. 그러나 암세포는 끊임없이 증식한다.

현대 의학 기술이 자랑하는 영상 기기, 즉 CT(X선을 이용하여 인체의 단층 영상을 촬영하는 장치), MRI(강한 자기장을 발생시켜 인체의 단층 영상을 촬영하는 장치) 등을 이용해서 암세포를 발견할 수 있습니다. 암을 조기에 진단했다는 게 이 시기니까, 사실은 암이 몸 안에서 발생해서 증식하는 수년 동안 발견할 수 없다는 뜻이에요. 그나마 다행스럽게 암세포는 초기에 빠르게 증식하다가 어느 정도 커지면 일반적으로 증식 속도가 느려집니다.

암의 또 다른 특징은 우리 몸의 다른 장기로 옮겨 갈 수 있다는 점입니다. 암세포가 어느 정도 증식하면 혈관 또는 림프관을 타고 온몸으로 퍼져 나가고, 그중 일부는 다른 장기에서 살아남습니다. 정상 세포는 이런 현상을 보이지 않아요. 예를 들어, 위에 있는 정상

암세포의 전이 과정

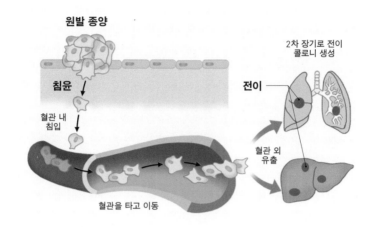

증식한 암세포는 혈관이나 림프관을 타고 다른 장기로 전이한다.

세포가 폐에 갈 일도 없고, 가서 살 수도 없습니다. 그런데 위에서 발생한 암세포는 폐에 가서 살 수도 있고 간에 가서 살 수도 있어요. 이런 현상을 '전이'라고 해요.

그러면 위에 있던 위암 세포가 간으로 전이되면 간암 세포가 되는 걸까요? 그렇지 않습니다. 간으로 전이되어 살아가는 암세포도 여전히 위암 세포입니다. 즉, 간으로 전이된 암세포를 치료할 때 위암 세포를 치료하는 방법을 써야 한다는 뜻입니다. 어쨌거나 암세포가 위험한 이유, 치료하지 못하고 사망에 이르게 되는 가장 큰 이유는 전이 때문입니다. 전이만 되지 않으면 암 때문에 죽을 이유는 별로 없습니다.

왜 암에 걸릴까

그렇다면 암이 발생하는 원인은 무엇일까요? 우리의 어떤 행동이, 우리를 둘러싼 어떤 환경이 암을 일으키는 걸까요?

첫째는 후천적으로 유전자에 손상을 일으키는 물질에 노출되기 때문입니다. 현대인은 일상적으로 담배·술·대기오염·화학물질·잘못된 식습관 등에 끊임없이 노출됩니다. 그만큼 암이 발생할 가능성이 높다는 뜻이죠.

그중에서 흡연이 암 발생 원인으로 가장 많이 이야기되는 데는 다 그만한 이유가 있습니다. 흡연의 위험성에 대해서는 아무리 강조해도 지나치지 않아요. 흡연은 15가지 종류의 암 발생과 관련이 있어요. 대체 왜 흡연이 이토록 암과 밀접한 관련이 있을까요? 담배에는 5000가지가 넘는 화학 성분이 포함됩니다. 이 5000가지 화학 성분 가운데 일부가 유전자 손상을 일으키고 암을 발생시킵니다. 흡연이 일으키는 대표적인 암은 폐암이에요. 이 밖에도 방광암·위암·신장암·췌장암·대장암의 발생 원인이 됩니다. 담배를 피우면 연기가 가장 먼저 폐로 들어가서 직접적으로 영향을 주고, 다른 장기에서도 일부 화학 성분이 흡수되어 암을 일으킵니다.

청소년 여러분이 새겨들어야 할 내용이 하나 더 있습니다. 흡연 시기가 빠를수록 암에 걸릴 확률이 높아집니다. 흡연을 하지 않는 사람과 폐암 발생률을 비교해 보았더니 성인이 되어 흡연하면 6배, 18살 이전부터 흡연하면 10배, 14살 이전부터 흡연하면 15배 늘어납니다.

음주도 마찬가지입니다. 음주는 7가지 종류의 암 발생과 관련이 있어요. 몇 년 전만 해도 세계보건기구WHO에서 하루 두 잔 정도 술을 마셔도 건강에 나쁘지 않다고 했는데 최근 이 내용이 바뀌었습니다. 이제는 술을 한 잔도 마시지 말라고 강조합니다. 술을 마시면 암뿐만 아니라 간 질환, 뇌 질환(정신 질환)에 걸릴 확률이 늘어납니다.

현대인의 잘못된 식습관에 따른 비만도 큰 문제입니다. 비만은 13가지 종류의 암 발생과 관련이 있어요. 비만으로 이어지지 않더라도 부적절한 식습관 자체도 발암 원인입니다. 가공한 햄이나 소시지, 붉은 살코기, 짜거나 매운 음식은 소화기에 암을 일으킨다고 알려져 있고요. 이와 반대로 채소·과일·섬유소가 풍부한 음식은 암 발생을 감소시킵니다.

대기오염이나 산업 폐기물에서 발생하는 오염물질도 암 발생과 관계가 있습니다. 이 문제는 우리 개개인이 해결하기가 쉽지 않습니다. 이 분야 전문가의 이야기를 꼭 들어 보기 바랍니다.

둘째는 선척적으로 타고난 유전적 요인입니다. 일부 사람들은 유전자 변이를 가지고 태어나기도 합니다. 굉장히 드문 경우인데, 이런 사람들은 젊은 나이에 암이 발병합니다. 이걸 '가족성 종양 증후군'이라고 합니다. 수년 전에 유명한 여배우 안젤리나 졸리가 멀쩡한 유방을 절제했다는 기사가 나온 적이 있어요. 안젤리나 졸리가 바로 가족성 종양 증후군을 가졌고, 그 집안사람들은 젊은 나이에도 유방암에 걸리기 때문에 미리 절제한 겁니다.

유전적 요인은 다른 경우에서도 많이 거론됩니다. 예를 들어, 두 사람이 똑같이 20년 동안 담배를 피웠는데도 한 사람은 40세에 폐암에 걸리고 다른 사람은 80세가 되어도 안 걸려요. 즉, 암에 걸리는 유전적 감수성은 사람마다 차이가 있습니다. 사람의 유전적 감수성에 대한 연구도 매우 활발합니다만, 아직은 극히 일부만 밝혀졌습니다.

셋째는 전리방사선입니다. 전리방사선이란 어떤 물질과 상호 작용해서 이온화시킬 만큼 강한 에너지를 가진 방사선을 말합니다. 그러니까 우리 몸의 유전자와 세포 분자를 변형시킬 수 있다는 뜻입니다. 대표적인 인위적 전리방사선은 핵폭탄의 핵분열을 꼽을 수 있습니다. 1945년에 일본 히로시마와 나가사키에 원자폭탄이 터졌을 때 폭탄의 위력으로 그 자리에서 죽은 사람도 많았지만 수년 뒤에 죽음을 맞이한 사람도 많았습니다. 왜 그랬을까요? 핵분열 과정에서 뿜어져 나온 전리방사선에 노출되어 몸속 유전자가 변이를 일으켰고, 그게 축적되어 암에 걸렸던 거죠.

자연 상태에서의 자외선은 전리방사선과 비전리방사선의 중간 영역에 위치합니다. 너무 오래 자외선을 쐬면 유전자 변이를 일으킬 가능성이 있습니다. 우리나라 사람들은 위험이 덜하지만, 백인은 자외선을 많이 쐬는 경우 피부암 발생률이 높습니다. 백인의 피부에 자외선을 막아 주는 멜라닌 세포가 적기 때문이에요. 하지만 우리나라도 최근에 피부암 환자가 늘어나고 있어요. 자외선을 너무 오래 쐬는 건 바람직하지 않습니다.

마지막으로, 일부 감염증이 암 발생과 관계가 있어요. 바이러스로는 B형·C형 간염 바이러스가 간암을 일으키는 주요 원인으로 알려져 있습니다. 또한 유두종 바이러스는 자궁경부암이나 인두암의 원인이 되고 있습니다. 세균으로는 가장 유명한 게 위암을 일으키는 헬리코박터 파일로리입니다. 혹시 위 검사에서 헬리코박터 파일로리균이 나오면 반드시 없애기를 권합니다.

암에 걸리는 원인

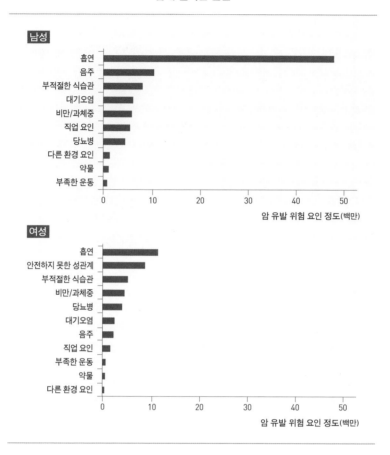

위 그래프는 암 발생 원인에 따른 발생률을 보여 줍니다. 영국 의학 학술지 〈랜셋The Lancet〉에서 2022년에 발표한 내용인데, 우리나라 상황과도 비슷합니다. 남성의 경우를 먼저 볼까요? 제일 위에 가장 긴 막대가 흡연입니다. 엄청나죠. 흡연이 암을 일으키는 원인으로 압도적인 몫을 차지합니다. 모든 사람이 오늘부터 담배를 탁 끊는다면 우리에게 발생할 수 있는 암의 3분의 1 이상이 사라질 것입니다. 두 번째가 음주입니다. 음주도 아주 주요한 발생 원인입니다. 세 번째가 부적절한 식습관, 네 번째가 대기오염, 다섯 번째가 비만 또는 과체중입니다. 여성의 경우에도 흡연이 1등이에요. 두 번째가 안전하거나 청결하지 못한 성관계, 세 번째가 부적절한 식습관, 네 번째가 비만 또는 과체중입니다.

어떻게 암을 예방할 수 있을까

암의 발생 원인까지 알아봤는데요. 그렇다면 우리는 어떻게 암을 예방할 수 있을까요? 답은 여러분이 다 느꼈을 거예요. 암은 예방 가능합니다. 흡연과 음주만 하지 않아도 암에 걸릴 확률이 크게 떨어집니다. 여기에 건강 체중을 유지하고, 충분히 운동하고, 채소·과일·콩 등을 충분히 먹고, 과도한 자외선 노출을 피하고, 안전한 성생활을 하면 암을 거의 대부분 막을 수 있습니다. 앞서 말한 바이러스 때문에 생겨나는 암도 백신으로 예방할 수 있고요.

더불어 중요한 게 조기 검진입니다. 정기 검진으로 암을 조기에 발견하면 암에 의한 사망률을 크게 줄일 수 있습니다. 정기 검진을 통한 암의 조기 검진은 제2의 암 예방 방법입니다. 우리나라에서는 2년에 한 번씩 무료로 암을 검진해 주고 있습니다. 오른쪽 표는 국립암센터에서 권장하는 암 종류별 검진 주기입니다. 만 40세가 되면 2년마다 위암 검진, B형·C형 간염 바이러스를 가진 사람은 6개월마다 간암 검진을 권하고, 대장암에 대해서는 만 50세가 되면 1년마다 대변 검사를 해서 피가 검출되면 대장내시경을 권하고 있습니다. 여성에게는 만 20세가 되면 2년마다 부인과 검진, 만 40세가 되면 2년마다 유방암 검진을 권하고 있습니다. 특별 관리 대상인 흡연자는 2년마다 폐암 검진을 권하고 있습니다.

이런 암 검진은 무료이고, 암을 조기 진단하면 치유할 가능성도 그만큼 높아집니다. 그런데 얼마나 많은 국민이 정기 검진을 받을 것 같습니까? 아직 60퍼센트를 넘기지 못해요. 그렇게 많이 홍보하는데도 정기 검진을 안 받아요. 이건 심각한 문제예요. 여러분은 꼭 연령과 성별에 따른 암 검진을 받기 바랍니다.

정기 검진은 암의 또 다른 특징 때문에라도 매우 중요합니다. 바로 대부분 암은 발병되고 나서도 한동안 증상이 없다는 점이에요. 암에 걸린 당사자는 발병이 된 뒤에도 한동안 별다른 이상을 느끼지 못합니다. 뭔가 증상이 나타나면 가서 진단을 받아 볼 텐데, 그리 아프지도 않고 불편하지도 않으니 무심코 지나쳐 버립니다. 폐

암 종류별 검진 주기

암종	검진 대상	검진 주기	검진 방법
위암	만 40세 이상 남녀	2년	위내시경 검사
간암	만 40세 이상 남녀 중 간암 발생 고위험군*	6개월	간초음파 검사 + 혈청알파태아단백 검사
대장암	만 50세 이상 남녀	1년	분변잠혈 검사 (이상 소견 시 대장내시경 검사)
유방암	만 40세 이상 여성	2년	유방촬영술
자궁경부암	만 20세 이상 여성	2년	자궁경부세포 검사
폐암	만 54세 이상 만 74세 이하의 남녀 중 폐암 발생 고위험군**	2년	저선량 흉부 CT

*간경변증, B형 간염 바이러스 항원 또는 C형 간염 바이러스 항체 양성.
**30갑년(하루 평균 담배 소비량(갑)×흡연 기간(년)) 이상의 흡연자 또는 2년 이내 흡연자.

에 암세포 종양이 약 4센티미터 크기로 자랐는데도 아무 증상도 느끼지 못한 환자도 있습니다.

어떤 사람은 침이나 가래에서 피가 섞여 나왔다고 폐암이 아닐까 잔뜩 겁을 먹고 병원을 찾아옵니다. 물론 폐의 암세포가 초기에 기관지를 건드리면 가래에 피가 섞여 나올 수 있어요. 그런데 가래에 피가 섞여 나온 사람들 대부분은 기관지염이고, 암은 극소수입니다. 가래에 피가 섞여 나왔다고 폐암이라 생각할 필요는 없습니다.

암은 대부분 경우에 별다른 증상을 일으키지 않지만, 그럼에도 일반적으로 몇 가지 증상이 나타나기는 합니다. 배변·배뇨 습관이 변화할 때, 피부 상처가 아물지 않을 때, 입이나 항문에서 피나 정상적이지 않은 분비물이 나올 때, 유방이나 다른 신체 부위에서 덩어리가 만져질 때, 소화가 안 되거나 음식물을 삼키기가 어려울 때, 피부에 비정형적인 점이나 사마귀가 생겨서 커질 때, 기침이나 쉰 목소리가 지속될 때 암을 의심해 볼 필요가 있습니다. 이런 경우는 꼭 검진을 받아 보기를 권합니다.

암을 극복하기 위한 현대 의학 기술

현대 의학계에서는 암을 최대한 빨리 검진해 내기 위해 지속해서 연구하고 있어요. 암세포가 어느 정도 커지면 혈관으로 침투하기 때문에 최근에는 혈액 검사를 통해 암세포 유전자를 찾는 방법(갤러리 테스트)이 집중적으로 연구·개발되고 있습니다. 아마 몇 년 뒤에는 혈액 검사만으로 갖가지 암을 좀 더 빨리 진단할 수 있을 거예요.

만약 어떤 사람 몸에서 암세포가 발견되면 어떻게 할까요? 병원에서는 먼저 암이 어느 장기에서 생겼는지 파악하고, 그다음에 조직학적 검사를 시행합니다. 예를 들어, 조직 검사를 통해 폐암으로 확진하고 조직학적 분류를 하게 됩니다. 폐암은 현미경적으로 소세포폐암과 비소세포폐암으로 나눕니다. 비소세포폐암은 다시 편평상피세포암, 선암, 대세포암 등으로 나눕니다. 이건 좀 어려운 전문 분야라서 여기에서는 조직 검사를 통해 폐암을 정밀하게 분류한다는 사실만 말씀드리고 넘어가겠습니다.

더불어 환자의 병기, 즉 병이 어느 정도 수준으로 진행되었는지를 파악합니다. 폐암 세포가 원발 부위에만 있으면 1기, 주위 임파선에 퍼져 있으면 2기, 임파선에 넓게 퍼져 있으면 3기, 다른 장기까지 퍼져 있으면 4기로 분류해요.

1기라면 종양을 수술해서 떼 버리면 됩니다. 2기도 암세포가 퍼진 부위가 작으니까 같이 수술하면 됩니다. 하지만 3기를 넘어가면 문제가 복잡해집니다. 암세포를 제거하는 수술로는 완치가 불가능하기 때문에 방사선 치료와 약물 치료를 병행해야 합니다. 이처럼 암 환자에게 병기는 매우 중요합니다. 위암의 경우, 1기나 2기에 진단되면 완치율이 98퍼센트예요. 3기면 60퍼센트, 4기면 7퍼센트로 줄어듭니다. 즉, 암은 조기에 진단할수록 완치율이 높아집니다. 무서운 폐암도 조기에 진단하면 완치율이 70퍼센트입니다. 이것만 봐도 정기 검진이 얼마나 중요한지 확인할 수 있습니다.

제가 방금 폐암을 초기에 치료하면 완치율이 70퍼센트라고 했는데, 놀랍지 않나요? 과거에는 폐암에 걸리면 치료할 방법이 없어서 사망률이 거의 100퍼센트였어요. 하지만 현대 의학은 엄청나게 많

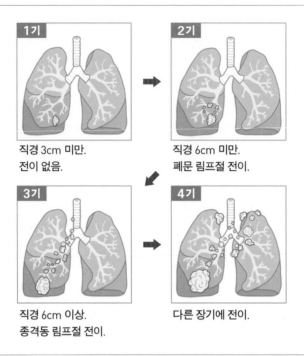

1기
직경 3cm 미만.
전이 없음.

2기
직경 6cm 미만.
폐문 림프절 전이.

3기
직경 6cm 이상.
종격동 림프절 전이.

4기
다른 장기에 전이.

은 연구와 실험을 거듭했으며, 덕분에 암 치료법이 눈부시게 발전해 왔어요. 그 가운데 현대 의학의 암 치료 기술을 몇 가지 소개할게요.

암 치료 기술은 초기에는 수술로 종양을 떼어 내는 게 다였어요. 그러다가 마리 퀴리가 방사선을 발견한 후에 방사선 치료법이 출현했습니다(1903년). 최근에는 암의 전이를 막고 치료하기 위한 약이 개발되었습니다. 1949년에 항암제, 1998년에 표적치료제, 불과 몇 년 전인 2014년에 면역항암제가 개발되었습니다. 현대 의학에서는 이 세 가지 약을 암의 유형에 따라서 쓰고 있습니다.

항암제는 유전자 증식을 막는 약입니다. 항암제는 정상 세포나 암

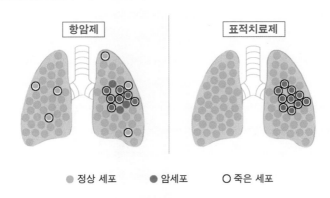

세포에 똑같이 작용합니다. 그래서 항암제 치료를 받는 환자는 머리가 빠지거나 하는 여러 가지 부작용이 생겨나기도 합니다. 그럼에도 항암제는 여전히 아주 중요한 치료제로 쓰이고 있습니다.

표적치료제는 암세포만 골라 죽이는 약입니다. 표적치료제가 처음 개발되었을 때, 이걸 폐암 환자에게 사용했더니 한 달 후에 암세포가 싹 사라졌습니다. 이 과정에서 환자에게 부작용도 없었고요. 암 치료의 새로운 시대가 열린 순간이었어요. 오늘날에는 폐암을 유전자 변이 유형에 따라 열 가지로 분류하고 여기에 대해 서로 다른 약을 사용하는 수준에 이르렀어요. 이러한 정밀 의료 개념은 앞으로도 계속 개발될 것입니다.

면역항암제는 앞서 말한 항암제, 표적치료제와 접근 방식이 전혀 다릅니다. 항암제나 표적치료제는 약 자체가 암세포를 죽이는 방식입니다. 이에 비해 면역항암제는 암세포를 죽이지 않아요. 본디 우리 몸은 암세포가 생기면 그걸 죽이도록 면역 기능이 작동합니다.

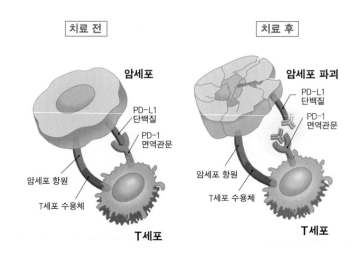

T세포가 암세포 항원에 달라붙으면 암세포의 PD-L1(단백질)이 T세포의 PD-1(단백질)과 결합하여 T세포의 작용을 막는다. 면역관문억제제는 PD-L1과 PD-1의 결합을 막음으로써 T세포가 작용하여 암세포를 죽게 만든다.

그런데 암세포가 이 면역세포(T세포와 NK세포)의 활성을 억제해서 암세포를 공격하지 못하게 막거든요. 면역항암제는 약을 투여해서 면역세포가 다시 활성화되어 암세포를 죽이도록 하는 거죠. 면역항암제는 부작용이 적고, 효과가 있으면 굉장히 오래 지속됩니다. 다만 모든 환자에게 효과가 나타나는 건 아닙니다.

면역항암제의 일종으로 세포치료제(CAR-T)도 있습니다. CAR-T는 백혈병, 림프종 등에 쓰는 약이에요. 먼저 환자 몸에서 면역세포인 T세포를 추출합니다. 그런 다음 바이러스를 이용해서 CAR(키메라 항원 수용체)을 집어넣습니다. 그러니까 암세포를 공격하도록 T세포

유전자를 조작하는 것입니다. 그런 다음 이 CAR-T세포를 다시 환자 몸에 투여하면, CAR-T세포는 암세포를 파괴합니다. 세포치료제는 환자 맞춤형 치료제라서 효과가 좋으나 비용이 매우 비싸고, 몇 가지 부작용이 문제가 됩니다.

우리나라는 암 관련 의료 기술에서 세계적인 수준에 올라 있습니다. 따라서 암에 걸리면 당황하지 말고 전문의의 도움을 받아 열심히 치료하면 완치할 가능성이 높습니다.

지금까지 내용을 간단히 정리해 보겠습니다. 첫째, 암은 오랜 기간에 걸쳐서 발생하는 만성 질환입니다. 둘째, 충분히 예방할 수 있습니다. 셋째, 암은 조기 진단이 매우 중요합니다. 넷째, 환자마다 최선의 치료법을 찾아내는 정밀 의료·맞춤 의료가 중요하며, 이를 위해 새로운 암 치료법이 계속 개발되고 있습니다. 마지막으로, 우리나라의 암 치료 실력은 세계 최고 수준입니다. 이걸 바탕으로 여러분 같은 젊은 세대가 암 치료의 새로운 지평을 열어 줄 것으로 기대합니다. 여러분이 우리의 미래입니다.

> ❝ 암은 예방 가능합니다.
> 흡연과 음주만 하지 않아도
> 암에 걸릴 확률이 크게 떨어집니다.
> 여기에 건강 체중을 유지하고,
> 채소·과일·콩 등을 충분히 먹도록 합니다. ❞

Q 01

늦은 시간까지 공부하면 암 발생 가능성이 높아지나요?

사람들은 스트레스를 많이 받으면 암 발생 가능성이 높아진다고 말합니다. 여러분도 들어 봤죠? 그런데 아직은 스트레스가 유전자 변이를 일으킨다는 연구 결과가 나온 적이 없습니다. 저는 스트레스가 암을 일으킨다고 생각하지 않습니다.

다만 스트레스가 많아지면 면역 기능이 떨어지는 건 맞아요. 면역 기능이 떨어지면 다른 원인으로 생겨난 암세포에 제대로 대응하지 못하겠죠. 우리나라 청소년은 학업 성적을 올리기 위해 매우 열심히 공부하고, 또 성적 때문에 스트레스를 많이 받습니다. 열심히 공부하는 걸 말릴 수는 없지만, 밤늦게까지 공부하는 건 건강을 해치는 게 확실합니다.

당연한 얘기를 하나 덧붙이고 싶어요. 우리나라의 교육열은 굉장히 높습니다. 그렇다 보니까 부모님, 선생님이 공부만 열심히 시켜요. 청소년 시기에 많은 사람을 만나고 다양하게 경험하지 못하게 막아요. 저는 그런 교육 방식은 매우 잘못됐다고 생각합니다. 청소년 시기에는 좀 더 다양한 경험을 하면서 자기 삶의 방향을 정해야 합니다.

여러분 인생의 주인공은 여러분 자신이에요. 여러분 스스로 인생을 결정해야 합니다. 자신이 무엇을 하고 싶은지 아직 모르는 학생들도 많죠? 저도 그랬거든요. 그걸 해결하는 방법은 딱 하나예요. 바로 많은 사람을 만나고 다양한 경험을 해 보는 것입니다.

Q 02

암에 걸렸을 때 고기를 먹는 게 암 치료에 도움이 안 된다고 하는데 그게 사실인가요?

소고기같이 빨간 고기를 많이 먹으면 암에 걸릴 가능성이 높습니다. 하지만 일단 암에 걸렸다면, 그때부터는 또 다른 접근이 필요합니다. 사실 누구도 고기를 먹는 게 암 치료에 도움이 되는지 해로움을 주는지에 대해 이렇다 할 연구 결과를 내보인 적이 없어요.

저는 개인적으로 암 환자들에게 고기를 먹으라고 권합니다. 항암 치료를 받고 수술을 받으면 아주 힘들어요. 그래서 영양가 있는 음식, 단백질도 많이 먹어서 암과 싸울 힘을 길러야 한다고 생각하기 때문입니다.

Q 03

신약 개발을 하고 싶으면 어떤 학과로 진학해야 하나요?

신약 개발과 연관된 학과는 아주 많습니다. 먼저 약품의 기본이 되는 화학물질을 다루는 곳은 약학대와 화학과가 있습니다. 또 요즘에 치료법으로 항체 같은 걸 많이 쓰잖아요. 항체는 생물학과에서 다룹니다. 물론 의대에서도 약품을 연구하고 개발합니다.

따라서 자기 적성에 맞는 대학과 학과를 선택해서 열심히 공부하면 신약 개발 분야로 진출할 가능성이 높아질 거예요. 신약 개발은 어느 한 분야가 독점해서 진행되지는 않습니다.

Q 04
앞서 말씀한 치료 기술 외에 현재 암 치료에 이용되는 신기술을 더 소개해 주세요.

너무 많아서 하나하나 얘기하기 어려운데요. 최근에 로봇을 이용한 수술 방식이 아주 빠르게 개발되고 있습니다. 또 방사선 치료 분야에서도 양성자 치료·중성자 치료·동위원소 치료 방법이 개발되고 있습니다. 예를 들어, 방사선 동위원소 치료는 전립선암 치료에 많이 사용됩니다. 암세포에 특이점인 리간드에 방사선 동위원소를 달아서 투여하면 암세포를 찾아가서 죽이는 치료 기술입니다.

치료제 분야는 앞서 이야기했듯이 항암제·표적치료제·면역항암제가 개발되어 환자의 상태와 조건에 따라 사용되고 있습니다. 치료제 분야에서는 아마 10년 안에 획기적인 신약이 나올 것입니다. 바로 암의 대사에 관계된 약입니다. 암은 폐암이든 간암이든 위암이든 자기 몸 안의 유전자 변이로 생겨납니다. 그리고 모든 암세포는 끝없는 세포 증식, 혈관을 통한 전이 등과 같은 물질대사 활동을 합니다. 바로 이 물질대사 과정에 작용하는 치료제가 현재 개발되고 있습니다.

Q 05
카페인을 많이 먹으면 암에 걸릴 확률이 높은가요?

그렇지 않습니다. 한 30년 전에 유명한 잡지에서 커피를 많이 먹으면 췌장암에 걸릴 확률이 높다고 기사를 냈는데, 거짓말인 게 확인됐습니다. 최근에는 커피를 하루에 세 잔 정도 마시면 암 발생률이 줄고 심장 질환도 예방해 준다는 연구 결과가 나왔습니다.

하지만 청소년 여러분이 커피를 많이 마시면 수면에 방해가 되고 카페인 중독에 따른 문제를 일으킬 수 있습니다. 그러니 여러분 연령대에는 되도록 덜 마시는 게 좋겠습니다. 정리하자면, 커피를 마시면 오히려 암 발생률을 줄인다는 게 현재의 연구 결과입니다.

FUN&LEARN

이차 전지 기술은 단기간에 결과물을 낼 수 없다.
멀리 내다보고 천천히 뚜벅뚜벅 걸어가야 한다.
이 분야에 대한 애정과 열정뿐만 아니라
그 어떤 분야보다 창의적인 발상이 필요하다.
매우 어렵고 힘들지만 인류의 앞날을 더 밝고 행복하게 만드는
기술이므로 그만큼 보람되고 자긍심을 느낄 수 있을 것이다.

미래를 저장하는 기술, 차세대 이차 전지

선양국

FUN&LEARN

PROFILE

선양국

전기자동차 및 전력 저장용 리튬 이차 전지의 양극 소재 개발 분야의 세계적인 연구자이다. 세계 최고 수준의 학술지인 〈네이처Nature〉를 포함한 다수의 저명한 저널들에 725편의 SCI급 논문 게재 성과 외에도, 460여 건의 특허가 등록되어 있다. 그의 논문들은 약 9만 8167회에 걸쳐 세계적 학술지에 인용이 되었으며, 학자 업적 평가지수H-index는 162로 세계 최고 수준의 영향력 있는 연구자이다(Google Scholar: 2024년 5월 22일 기준). 세계적으로 가장 공신력 있는 학술 정보 분석 기관 〈클래리베이트 애널리틱스Clarivate Analytics〉에서 8년 연속 '세계에서 가장 영향력 있는 1퍼센트 연구자Highly Cited Researchers, HCR'로 선정되었다. 2023년에 삼성호암상을 수상했다.

내연기관 자동차와 기후변화

한양대학교 에너지공학과 교수 선양국입니다. 오늘 '미래를 저장하는 기술, 차세대 이차 전지'라는 주제로 여러분과 이야기를 나눠 보겠습니다. 먼저 그래프를 하나 볼까요? 아래는 산업혁명 이후 평균 지표면 온도 변화를 나타낸 그래프입니다. 평균 지표면 온도는 산업혁명 이후에 한동안 유동적으로 오르락내리락하다가, 1950년대 이후부터는 꾸준하게 상승합니다. 특히 2000년대 들어서 굉장히 빠른 속도로 상승하고 있습니다.

기후변화 때문에 우리는 최근 몇 년간 지금까지 경험하지 못했던 아주 무더운 여름을 보냈습니다. 그래프를 다시 보면, 평균 지표

연도별 평균 지표면 온도

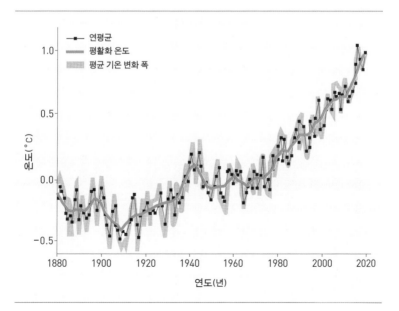

면 온도가 가장 낮았던 1910년대와 현재의 온도 차이는 섭씨 1.5도입니다. 섭씨 1.5도 차이는 얼핏 보기에 별로 크게 느껴지지 않아요. 하지만 이 작은 변화는 지구에서 살아가는 모든 생명체, 우리 인류뿐만 아니라 동·식물에 엄청난 고통을 안기고 있습니다. 심지어 수많은 생명 종이 지구상에서 빠르게 사라져 가는 상황입니다. 기후변화는 우리 앞에 놓인 가장 중요하고도 심각한 문제예요. 지표면 온도가 더 올라가면 돌이킬 수 없는 위기에 빠질 거예요. 기후변화에 대한 구체적이고 직접적인 대응책을 마련해야 합니다. 그래야 청소년 여러분이 아름답고 쾌적한 환경에서 살아갈 수 있고, 또 후손에게 물려 줄 수 있습니다.

지표면 온도가 상승하는 주요 원인은 이산화탄소의 증가입니다. 그리고 이산화탄소 배출량의 30퍼센트 정도가 내연기관 자동차에서 나옵니다. 내연기관 자동차에서 나오는 이산화탄소만 줄여도 기후변화에 매우 효과적으로 대응할 수 있다는 뜻이에요. 어떻게 하면 자동차의 이산화탄소 배출량을 줄일 수 있을까요? 최근에 세계적으로 가장 주목받는 해법 가운데 하나가 바로 이차 전지로 움직이는 전기자동차입니다.

이차 전지와 리튬 이온 전지의 역사

먼저 이차 전지의 역사에 대해 알아볼게요. 이차 전지란 외부의 전기에너지를 화학에너지로 바꾸어 저장했다가 전기로 사용하는 배터리입니다. 하이브리드hybrid자동차를 예로 들자면, 자동차가 운행하면 엔진과 연결된 발전기에서 생성된 전기가 축전지에 저장되고, 이 전기를 다시 자동차를 운행할 때 쓰는 방식입니다. 자동차에서 배터리는 전기를 저장해서 시동을 걸고 전기 시스템에 전기를 공급하는 매우 중요한 역할을 합니다. 요즘 자동차는 배터리가 없으면 운행할 수 없습니다.

자동차에 배터리가 상용화된 시기는 1859년에 최초의 이차 전지인 납축전지가 개발되면서부터입니다. 납축전지는 납과 황산의 화학반응을 이용해서 전기를 저장하는 원리입니다. 납축전지는 오늘날에도 자동차와 더불어 다양한 분야에서 광범위하게 사용되고 있습니다. 뒤이어 1899년에는 니켈 카드뮴 배터리가 발명되었고, 1989년에는 독성을 지닌 카드뮴 대신 니켈 수소 배터리가 개발되었습니다. 납축전지에서 니켈 수소 배터리가 개발되기까지 130년이 걸렸습니다. 새로운 전지 시스템을 개발하는 데는 이처럼 오랜 시간이 걸립니다.

그런데 1991년에 배터리 역사에서 아주 혁명적인 기술이 등장했습니다. 바로 리튬 이온 전지가 상용화된 것입니다. 리튬 이온 전지는 리튬 이온이 양극에서 음극으로 이동하면서 충전되었다가, 리튬 이온이 다시 음극에서 양극으로 이동하면서 전기를 사용하는 원리입니다. 기존 이차 전지들은 작동 전압(오퍼레이션 볼티지)이 1.2볼트이지만 리튬 이온 전지는 3.6볼트입니다. 에너지 밀도가 매우 높은 전지죠. 또 기존 이차 전지에 비해 빠르게 충전되고, 한 번 충전하면 오래 사용할 수 있습니다. 이 때문에 리튬 이온 전지는 컴퓨터·휴대폰·전기자동차·항공우주 등 여러 분야에서 다양하게 쓰이고 있으며, 앞으로 당분간은 산업 문명에 더 널리 이용될 것입니다.

리튬 이온 전지 아이디어는 1970년대에 엑손모빌 기업의 연구원으로 일하던 스탠리 휘팅엄이 처음 제안했어요. 휘팅엄은 특정한 구조(층상 구조)를 가진 금속의 층간에 리튬 이온이 들어갔다가(삽입) 빠져나오는(추출) 현상을 발견했어요. 이 현상을 '인터칼레이션 intercalation'이라고 합니다. 휘팅엄은 이황화 타이타늄^{TiS_2}을 양극, 리튬을 음극으로 양쪽에 놓고, 그 사이에 전해액을 따라 금속이 이동하면서 충전과 방전을 되풀이하는 리튬 금속 전지를 개발했어요.

하지만 휘팅엄의 리튬 금속 전지는 불안정하고 폭발 위험성이 많았습니다. 이 문제를 해결한 과학자는 존 구디너프입니다. 구디너프는 영국 옥스퍼드대학교의 무기화학 연구소장을 지내던 중

스탠리 휘팅엄이 개발한 리튬 금속 전지 구조

리튬 금속을 음극 소재로 활용했다.

분리막

전해액

층상 구조의 이황화 타이타늄을 양극 소재로 활용했다.

⊕ 리튬 이온(Li⁺)   ⓔ 전자

1979년에 이황화 타이타늄 대신 리튬 코발트 산화물$LiCoO_2$을 양극재로 사용한 리튬 이온 전지를 개발합니다. 리튬 코발트 산화물을 사용한 전지는 안정성뿐만 아니라 이전보다 2배 가까운 고밀도 에너지를 저장할 수 있었습니다.

그리고 1985년에 일본 과학자 요시노 아키라는 음극재에 리튬 금속을 대신할 탄소 재료(코크스cokes)를 개발했습니다. 드디어 안정성과 효율성을 갖춘 리튬 이온 전지가 개발된 것입니다. 이를 바탕으로 일본 기업 소니가 상업적 리튬 이온 전지를 만들어서 시장에 내놓았습니다. 리튬 이온 전지는 현재 전기자동차의 동력을 공급하는 배터리로 가장 많이 사용되고 있습니다. 리튬 이온 전지를 개발하는 데 뚜렷한 발자취를 남긴 위의 세 과학자는 2019년 노벨 화학상을 받았습니다.

리튬 이온 전지의 원리와 구성 요소

이제 리튬 이온 전지가 어떤 원리로 작동하는지 좀 더 자세히 알아볼까요? 배터리가 내장된 전자제품을 쓸 때, 배터리에서는 전기화학반응이 일어나서 전기를 내보냅니다. 이 현상을 방전이라고 합니다. 만약 전기를 방전한 뒤 다시 충전할 수 없다면 일차 전지, 다시 충전할 수 있다면 이차 전지입니다. 방전된 이차 전지에 전기에너지를 흘려보내면 이차 전지에서는 방전할 때와 정반대의 화학반응이 일어납니다. 이 현상을 충전이라고 합니다. 이처럼 정반응과 역반응이 함께 일어나는 현상을 가역반응이라고 합니다. 가역성이 뛰어날수록 효율이 좋은 이차 전지입니다.

다른 이차 전지들과 마찬가지로 리튬 이온 전지는 기본적으로 2개의 전극(양극과 음극), 분리막, 전해질로 구성되어 있어요. 먼저, 분리막은 어떤 역할을 할까요? 양극과 음극이 가깝게 붙어 있으면 단락(쇼트short) 현상이 일어날 가능성이 커집니다. 저항이 낮아진

리튬 이온 전지의 구조와 원리

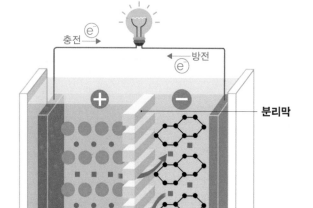

리튬 이온과 전자가 양극(+)에서 음극(-)으로 이동하면 충전되고, 음극에서 양극으로 이동하면 방전되는 원리이다. 이때 리튬 이온은 전해질을 통해, 전자는 외부 회로를 통해 이동한다.

짧은 경로로 대량의 전류가 흐르는 현상이 일어나는 거죠. 그러면 배터리가 터져서 더는 쓸 수 없게 되고, 심각한 경우에는 전자기기에 불이 나거나 터질 수도 있습니다. 이 단락 현상을 방지하기 위해 양극과 음극 사이에 분리막을 설치합니다. 분리막은 폴리에틸렌이나 폴리프로필렌으로 만듭니다. 분리막에는 작은 구멍이 뚫려 있는데, 이곳으로 리튬 이온이 지나다닙니다.

다음으로, 전해질이란 리튬 이온이 양극에서 음극으로 또는 음극에서 양극으로 이동하면서 전류가 흐를 수 있도록 환경을 제공하는 물질을 말합니다. 일반적으로 전해질은 리튬 염·유기 용매·첨가제 등으로 이루어진 유기 용액입니다. 성능이 뛰어난 전해질을 만드는 기술은 매우 중요합니다. 그래야 리튬 이온이 안정적이고 빠르고 자유롭게 이동할 수 있기 때문입니다.

마지막으로, 양극은 리튬·코발트·니켈·망간 산화물로 구성되며, 음극은 탄소(흑연질, 그래핀graphene) 재료인데 연필심과 같은 물질입니다. 탄소의 기본 구조인 육각형 구조가 층을 이루며 연결되어 있습니다.

양극과 음극이 어떻게 전기 화학반응을 일으키는지 한번 살펴볼까요? 양극과 음극은 층상 구조 물질로 층과 층 사이에 리튬이 들어갔다가 빠져나올 수 있습니다. 배터리에 외부의 전기에너지가 흘러 들어가면 양극 물질의 층과 층 사이에 있는 리튬이 빠져나와서 리튬 이온으로 바뀌어 음극으로 이동합니다. 또한 리튬 이온과 분리된 전자는 외부 도선을 따라 음극으로 이동합니다. 이 과정이 충전입니다.

반대로 배터리의 음극과 양극을 도선으로 연결하면 음극에 있던 리튬이 빠져나와 리튬 이온으로 바뀌며 양극으로 이동합니다. 이때도 리튬 이온과 분리된 전자는 외부 도선을 따라 양극으로 이동합니다. 이 과정이 방전입니다. 이처럼 리튬 이온 전지는 리튬 이온과 전자의 이동을 이용해서 끊임없이 충전과 방전을 되풀이합니다. 전극을 기준으로 보자면, 전자가 빠져나가는 산화, 전자가 들어오는 환원이 반복적으로 발생하는 원리입니다.

우리는 배터리에서 나오는 전자를 사용합니다. 전자는 어떤 환경에서도 워낙 이동을 잘합니다. 문제가 없어요. 리튬 이온 전지에서 관건은 전자와 짝을 이루는 리튬 이온이 얼마나 가역성을 잘 띠며 이동하느냐에 있습니다. 리튬 이온의 가역성은 전지의 효율성과 수명을 결정합니다.

또 하나 리튬 이온 전지에서 중요하게 고려해야 할 문제가 있습니다. 리튬 이온은 이동할 때 자기 혼자만 이동하는 게 아니라, 전해질의 유기 용매에 있는 음이온과 같이 붙어 다닙니다. 음극 물질인 흑연질의 층 사이 간격은 3.3옹스트롬(10옹스트롬=1나노미터) 정도 되는데, 유기 용매 음이온은 10옹스트롬 정도로 층간 간격보다 큽니다. 따라서 인터칼레이션 과정에서 음극 물질의 층이 찢어집니다. 층이 찢어지면 당연히 음극 재료가 제 역할을 못하고, 배터리가 고장 납니다.

다만, 전해질의 전기 화학반응에 의해 음극재 표면에 보호막Solid Electrolyte Interphase,SEI이 만들어집니다. 이 보호막은 리튬 이온만 음극 물질 층 사이에 들어갔다가 빠져나오게 해 줍니다. 전해질의 유기 용매는 대부분 보호막에 가로막혀서 음극재에 들어가지 못합니다. 그러면 보호막이 두껍고 강력할수록 좋을까요?

음극재 보호막 원리

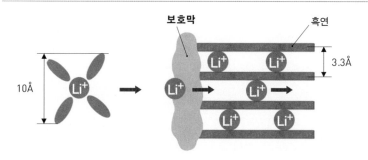

보호막은 리튬 이온이 양극에서 음극으로 이동하는 과정에서 유기 용매 분자와 분리되어 리튬 이온만이 음극 물질 사이로 들어갈 수 있도록 해 준다.

꼭 그렇지는 않아요. 보호막이 유기 용매 분자를 막으면서 리튬 이온 전지는 한 가지 특성을 띠게 됩니다. 리튬 이온이 유기 용매 분자를 떼어 놓고 혼자 보호막을 통과하려다 보니 시간이 걸려요. 즉, 보호막이 두꺼울수록 충전하는 시간이 길어집니다. 보호막은 리튬 이온 전지의 충전 시간뿐만 아니라 효율성과 수명에도 긴밀하게 연관을 맺고 있습니다. 따라서 새로운 보호막 개발은 현안 과제 가운데 하나이며, 최근에 그 결과물이 연이어 등장하고 있습니다.

양극재는 구조에 따라 크게 층상계와 올리빈계로 나뉩니다. 층상계는 우리가 리튬 이온 전지의 원리를 살펴보면서 모델로 삼았던 양극재 구조입니다. 여기에는 리튬 코발트 산화물이 주재료로 쓰이며, 코발트와 산소가 결합한 정팔면체 층 사이에 리튬이 규칙적으로 쌓여 있는 모습입니다.

올리빈계는 리튬 인산철$LiFePO_4$, LFP이 주재료로 쓰이며, 인과 산소가 결합된 포스페이트 음이온PO_4^{3-}이 육면체 형태로 아주 안정된 구조를 갖습니다. 올리빈계 구조는 리튬 이온이 들어오고 빠져나가도 매우 강력하고 안정적으로 구조를 유지합니다. 최근에 중국이 이차 전지와 전기자동차 분야에서 세계 시장의 강자로 떠오르고 있는데요. 중국에서는 주로 올리빈계 양극재를 이용한 리튬 이온 전지를 생산합니다.

층상계와 올리빈계 구조가 각각 어떤 장단점이 있는지 잠깐 살펴볼까요? 1그램당 전자 저장 용량을 이론적으로 계산하면(이론 용량) 층상계 재료는 275밀리암페어시이고, 올리빈계는 172밀리암페어시입니다. 층상계 구조가 올리빈계 구조보다 전자 저장 용량이 많기 때문에 주행 거리가 더 깁니다.

이에 비해 올리빈계는 인산철을 사용하기 때문에 리튬 코발트 산화물을 쓰는 층상계보다 가격이 훨씬 쌉니다. 그리고 올리빈계는 구조가 단단해서 배터리가 안정적입니다. 불이 나거나 고장이 나지 않아요. 리튬 이온 전지 안전성 실험에서 올리빈계 이차 전지가 월등히 뛰어난 결과를 보였습니다. 예를 들어, 외부 충격에 얼마나 안

양극재의 종류

	양극재	에너지 용량 (mAh/g)	수명	출력	안정성	특징
층상계	LCO	150	매우 높음	매우 높음	낮음	에너지 용량이 커서 주행 거리가 길다.
	NCA80	200	다소 높음	높음	낮음	
	NCM811	200	높음	다소 높음	낮음	
	농도구배 NCM811	210	매우 높음	매우 높음	높음	
	LNO	240	낮음	높음	매우 낮음	
올리빈계	LFP	160	매우 높음	높음	매우 높음	가격이 싸고 안정성이 뛰어나다.

전성을 유지하는지 평가하기 위해 리튬 이온 전지에 못을 관통하는 실험을 했는데요. 리튬 이온 전지를 완전히 충전한 상태에서 못으로 관통해 봤더니 층상계 구조는 폭발하거나 불이 나는 반면, 올리빈계 구조는 별다른 반응을 보이지 않고 제 모습을 유지했습니다.

이런 장단점 때문에 장거리 주행 전기자동차는 층상계 구조, 단거리 주행 전기자동차는 올리빈계 구조로 만든 양극재를 쓰는 절충안도 고려되고 있습니다.

이차 전지 시장에서 중국의 약진

이차 전지는 지금도 여러 산업 분야에 광범위하게 쓰이며, 앞으로 더더욱 성장할 잠재력을 가지고 있습니다. 이차 전지 하면 가장 먼저 전기자동차가 떠오릅니다. 전기자동차는 이제 거스를 수 없는 흐름이 되었습니다. 미국은 2032년까지 신차의 3분의 2를 전기자동차와 수소자동차로 판매해야 한다고 법으로 규제했습니다. 유럽연합은 한발 더 나아가 2035년부터 내연기관 자동차 판매를 금지하겠다고 결정했습니다. 중국도 전기자동차 개발 분야에서 놀랍게 성장하고 있으며, 2035년에 신차의 50퍼센트를 전기자동차로 만들겠다고 선언했습니다.

이런 흐름이라면 2030년쯤에는 지금보다 13배 정도 시장이 확대될 것입니다. 우리나라는 현재 메모리 반도체 분야가 주력 산업입니다. 2022년 기준으로, 이차 전지는 메모리 반도체 산업보다 두 배 정도 작은 규모입니다. 그러나 경제 전문가들은 2030년경에는 이차 전지가 메모리 반도체 산업보다 두 배 정도 큰 시장이 될 것이라고 예상합니다.

이차 전지 연관 산업도 당연히 성장하겠죠? 국제적으로 양극재·음극재·분리막·전해질을 만드는 소재가 더 많이 필요해질 테고, 이에 따라 원자재를 확보하기 위한 경쟁이 치열해질 게 뻔합니다. 또 수명을 다한 이차 전지의 자원을 재활용하는 시장도 크게 성장할 것입니다. 이들 산업은 2040년까지 연평균 33퍼센트 정도의 고도성장을 이룰 것으로 예측됩니다.

현재 이차 전지의 주요 시장은 크게 유럽, 중국, 북미로 나뉩니다. 이 가운데 시장 규모가 가장 큰 곳은 중국이고, 유럽과 북미 시장이 뒤를 잇고 있습니다. 그런데 중국 시장은 자국 보호 정책에 따라 중국 기업이 생산한 이차 전지를 주로 사용합니다. 중국 제품의 중국 시장 점유율은 98퍼센트에 이릅니다. 거의 100퍼센트라고 봐도 무리가 없어요. 이를 바탕으로 중국 제품은 세계 시장의 65퍼센트 정도를 차지하고 있습니다.

만약 중국 시장을 제외한다면 어떨까요? 한국 제품이 약 50퍼센트, 중국 제품이 약 30퍼센트, 일본 제품이 약 20퍼센트를 차지합니다. 유럽 시장에서는 한국 제품이, 북미 시장에서는 일본 제품이 앞서고 있습니다. 북미 시장에서 일본산 이차 전지가 우위를 보이는 이유는 테슬라 때문입니다. 테슬라 전기자동차는 초기에 이차 전지를 일본 파나소닉으로부터 공급받았습니다. 다만 최근에 테슬라는 일본, 한국, 중국으로부터 이차 전지를 공급받고 있습니다.

이처럼 우리나라 이차 전지는 세계적으로 품질을 인정받으며 중국을 제외한 국제시장에서 높은 점유율을 차지하고 있습니다. 하지

이차 전지 주요 시장별 점유율

(2023년 1~8월 기준)

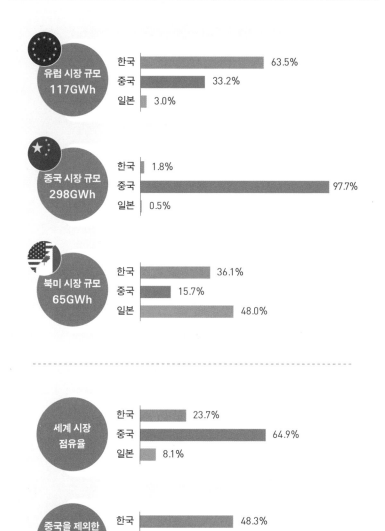

유럽 시장 규모
117GWh

한국	63.5%
중국	33.2%
일본	3.0%

중국 시장 규모
298GWh

한국	1.8%
중국	97.7%
일본	0.5%

북미 시장 규모
65GWh

한국	36.1%
중국	15.7%
일본	48.0%

세계 시장
점유율

한국	23.7%
중국	64.9%
일본	8.1%

중국을 제외한
세계 시장
점유율

한국	48.3%
중국	30.6%
일본	18.9%

만 방심하기는 이릅니다. 왜냐하면 중국이 엄청난 속도로 성장하고 있기 때문입니다. 지난 몇 년 사이 중국을 제외한 세계 시장 점유율을 보면, 2020년에 우리나라 제품이 약 35퍼센트, 중국 제품이 약 35퍼센트였습니다. 그런데 2023년에는 우리나라 제품이 약 23퍼센트, 중국 제품이 약 63퍼센트가 되었습니다. 세계 시장에서 중국 제품이 우리나라 제품 점유율을 능가하고 있는 상황입니다. 중국산 이차 전지는 가격과 안정성에서 비교 우위를 보이고 있습니다.

이뿐만이 아닙니다. 중국이 무서운 이유는 정작 다른 데 있어요. 여러분, 가격 경쟁력을 확보하려면 가장 중요한 요소가 무엇일까요? 무엇보다 원료를 값싸고 안정적으로 구할 수 있어야 합니다. 층상계 구조 이차 전지에 들어가는 중요한 원자재는 리튬, 코발트, 니켈, 그리고 흑연입니다. 이런 광물은 전 세계에 다양하게 분포되어 있어요. 그런데 이 광물을 사들여서 가공하는 산업을 중국이 70~80퍼센트 차지하고 있어요.

중국은 오래전부터 자원을 안정적으로 확보하는 데 정성을 쏟았습니다. 정부 주도 아래 장기 계획을 세워서 광물 채광권을 사들이고 가공하는 기술을 발전시켜 왔습니다. 중국은 거대한 자국 시장을 바탕으로 계획경제를 통해 세계 광물 시장을 장악했어요. 특히 양극재의 주요 원료이며, 가장 비싼 광물인 코발트를 안정적으로 공급받고 있습니다. 코발트는 전 세계 매장량이 많지 않아요. 지금 같은 규모로 이차 전지 등에 코발트가 쓰이면, 앞으로 10년 안에 바닥날 상태에 놓입니다. 그러다 보니 코발트 가격이 하늘 높은지 모르고 치솟고 있어요. 코발트는 전 세계 매장량의 60퍼센트가 콩고에 집중되어 있는데, 콩고에서 채굴된 코발트는 거의 전부 중국으로 유입됩니다. 덕분에 중국은 코발트 가격과 공급량을 주도적으로 조절할 만큼 영향력을 발휘하고 있습니다.

사실 광물 가공 과정은 환경친화적이지 않아요. 여러 화학 처리 단계를 거치기 때문에 그 과정에서 에너지도 많이 소모되고 오염물질이 배출되기도 합니다. 따라서 비용도 많이 들고, 환경적 규제가 따를 수밖에 없습니다. 하지만 중국은 이런 문제들을 기꺼이 감수합니다. 그만큼 광물 가공 분야의 가치를 중요하게 생각하고 있다는 뜻이에요. 이차 전지 소재를 기준으로 보자면 중국의 전략은 결과적으로 잘 먹혀들었습니다. 또한 중국은 화학에너지를 전기에너지로 바꾸는 셀도 세계 생산량의 63퍼센트 정도를 차지하고 있습니다.

중국의 성장에 맞서기 위한 우리나라의 대응 전략은 무엇이어야 할까요? 제 생각에는 기술 개발이 유일한 길입니다. 이제 이차 전지 기술 개발에 관한 이야기를 좀 더 나눠 보겠습니다.

이차 전지 개선을 위한 연구 과제

이차 전지 기술 분야를 이야기하기 전에, 전기자동차의 역사에 대해 잠깐 알아볼까요? 납축전지가 개발되기 전까지 인류의 이동 수단은 주로 마차였습니다. 증기기관으로 움직이는 자동차가 개발되기는 했지만 덩치가 크고 느려서 널리 이용되지는 않았습니다. 1859년에 납축전지가 개발되고, 이 납축전지를 이용한 전기자동차가 생산되었어요. 그러나 이 전기자동차도 비싸고 효율이 떨어져서 사람들의 관심을 끌지 못했습니다.

드디어 1908년에 미국 포드사가 내연기관 자동차를 대량 생산합니다. 내연기관 자동차는 내연기관에서 가솔린(석유)을 태워서 발생하는 에너지로 움직입니다. 내연기관 자동차가 등장하면서 전기자동차는 몰락합니다. 왜냐하면 그 시기 전기자동차는 가격이 턱없이 비쌌고, 배터리가 무거워서 주행 거리가 짧고, 충전 시간이 길었기 때문입니다. 한동안 내연기관 자동차가 세계를 휩쓸었습니다. 하지만 내연기관 자동차는 필연적으로 자원 고갈과 환경오염 문제의 주범으로 낙인찍혔습니다.

인류는 1990년대부터 다시 전기자동차에 눈을 돌렸습니다. 그 결과 1996년 미국 GM사가 전기자동차를 출시했고, 2008년 테슬라사가 상용화에 성공했고, 현재 3세대 전기자동차까지 개발되었습니다. 요즘 우리가 도로에서 자주 보는 3세대 전기자동차는 한 번 충전해서 450킬로미터 정도를 주행할 수 있습니다. 이 정도 주행 거리면 내연기관 자동차와 경쟁하는 단계에 접어들었다고 볼 수 있어요. 물론 아직 부족합니다. 현대인들은 자동차를 고를 때 안정성·효율성·편리함을 기본으로 고려해요. 내연기관 자동차에 비해 조금이라도 부족하다고 느끼면 전기자동차를 선택하지 않을 거예요. 그렇다면 전기자동차는 어떤 점을 중점적으로 개선해야 할까요? 크게 다섯 가지 정도로 요약할 수 있어요.

먼저, 주행 거리를 늘려야 합니다. 내연기관 자동차와 경쟁해서 이기려면 한 번 충전 시 주행 가능한 거리를 800킬로미터 이상으로 늘려야 해요. 주행 거리를 늘리기 위해서는 양극재의 에너지(리튬 이온) 저장 용량을 높여야 합니다.

전기자동차의 개발 방향

　주행 거리는 특히 니켈 함량에 따라 좌우됩니다. 양극재를 구성하는 니켈·코발트·망간 중에서 니켈 함량이 증가할수록 주행 거리가 늘어납니다. 현재 니켈 함량을 88퍼센트 정도까지 올리는 데 성공했고, 이 전기자동차는 한 번 충전해서 500킬로미터 정도 주행합니다. 니켈·코발트·망간 구성 비율은 가격 문제와도 밀접하게 연관되어 있습니다.

　둘째, 가격이 싸야 합니다. 전기자동차의 원가 구성을 보면, 전기자동차를 100으로 봤을 때 배터리가 차지하는 비중이 45~50퍼센트 정도입니다. 리튬 이온 전지 자체로는 양극재의 가격 비중이 가장 크고, 그중에서도 양극재(리튬 고발트 산화물)의 원자재로 쓰이는 코발트가 가장 비쌉니다.

　따라서 가격 경쟁력을 높이려면 무엇보다 코발트 함량을 최소화

한 양극재를 개발해야 합니다. 앞서 이야기했듯이, 니켈 함량을 최대한 끌어올리는 방법이 집중적으로 연구되고 있습니다. 더 나아가 코발트가 들어가지 않는 양극재를 개발하면 가장 이상적이겠죠. 다만 현재 기술로는 코발트가 포함되지 않으면 양극재의 성능이 떨어집니다.

가격 경쟁력에서 또 하나 고려해야 할 지점이 있습니다. 바로 이차 전지 팩 가격입니다. 1킬로와트시당 2010년에 1100달러였는데, 2020년에는 135달러로 떨어졌습니다. 거의 10분의 1 수준입니다. 가솔린 자동차와 가격 경쟁을 하려면 이차 전지 팩 가격이 최소 100달러 이하로 떨어져야 해요. 그날이 그리 멀지 않았습니다. 아마도 2024년경에는 100달러 이하로 떨어질 거예요. 지금까지는 정부 보조금으로 전기자동차를 싸게 구매했는데, 이제는 보조금 없이도 가격 경쟁이 가능해질 것입니다.

셋째, 배터리 수명이 길어야 합니다. 이 문제도 양극재와 긴밀하게 연관되어 있습니다. 예를 들어, 니켈은 함량을 늘릴수록 주행 거리가 늘어나지만, 양극 물질의 구조는 불안정해집니다. 양극재는 충전 과정에서 양극 입자 내부에 미세한 틈이 생기는데, 니켈 함량이 높을수록 틈이 커지고 그 사이로 전해질이 침투하게 됩니다. 전해질이 양극 내부로 침투하면 충전과 방전을 되풀이할수록 저장 용량이 빠르게 줄어들어서 결국 배터리 수명이 떨어집니다. 따라서 이 문제를 해결하기 위해서는 새로운 구조를 갖는 양극재를 개발해야 합니다. 새로운 양극재에 대해서는 나중에 따로 이야기하겠습니다.

넷째, 충전 시간을 줄여야 합니다. 충전 시간 문제는 앞에서 이야기했듯이, 음극재 보호막과 가장 많이 연관되어 있어요. 리튬 이온이 유기 용매 분자와 분리되어 보호막을 통과하는 과정에서 시간이 오래 걸리는 현상이 일어나죠.

리튬 이온 전지를 만들던 초기에는 음극재로 천연 광물 흑연을 썼어요. 천연 흑연은 에너지 저장 용량이 적고, 수명이 짧고, 리튬 이온이 보호막을 통과하는 데 오랜 시간이 걸려 충전 시간이 길었습니다. 그다음에는 천연 흑연과 똑같은 구조를 띠는 인조 흑연을 만들어서 사용했어요. 인조 흑연은 순도가 높고 구조가 균일해서 에너지 효율이 높고 수명이 길어졌어요. 하지만 인조 흑연도 보호막이 만들어져서 충전 시간이 오래 걸리는 문제가 여전히 남았어요.

이 문제를 해결하기 위해 실리콘 음극재가 만들어졌어요. 실리콘으로 만든 음극재는 저장 용량이 흑연보다 10배 많고, 출력도 아주 높아 충전하는 데도 시간이 오래 걸리지 않아요. 하지만 충전과 방전 과정에서 부피가 크게 팽창하고 수축하면서 배터리 수명이 짧아집니다. 그래서 최근에는 인조 흑연과 실리콘을 섞은 음극재가 사용되고 있습니다.

다섯째, 안전성입니다. 안전성 문제는 전해질과 가장 연관성이 높아요. 리튬 염·유기 용매·첨가제 등으로 이루어진 기존 전해질은 액체 성분입니다. 여기에서 유기 용매는 탄산염carbonate 성분이 구성되어 있어서 고온에 아주 민감하게 반응합니다. 불이 날 가능성이 높아요. 이 문제를 해결하기 위해 최근에는 고체로 만든 전해질이 개발되고 있습니다. 고체 전해질은 크게 고분자 고체 전해질과 무기 고체 전해질(산화물계, 황화물계)로 나뉩니다. 이처럼 양극·음극·전해질 등 모든 요소가 고체로 이루어진 전지를 '전고체 전지'라고 합니다.

고체 전해질을 쓰는 전고체 전지는 불이 잘 안 붙어요. 안정성이 크게 향상됩니다. 하지만 고체 전해질을 만드는 과정은 매우 복잡하고 어려워요. 또한 고체 전해질은 양극과 음극이 만나는 경계 지점(계면)이 균일하지 못하기 때문에 쉽사리 빈 공간이 생깁니다. 따라서 리튬 이온이 빈 공간을 제외한 나머지 부분으로만 이동하게 되면서, 충전·방전이 느려집니다. 이런 현상을 계면 저항이라고 합니다. 계면 저항이 일어나면 배터리가 빨리 뜨거워지고, 수명이 짧아집니다.

고체 전해질은 특히 양극재에 많은 문제를 일으킵니다. 고체 전해질과 양극재 사이에 리튬 이온이 이동하는 것뿐만 아니라 다른 현상(부반응)이 나타나서 불순물 층이 생겨나 저항이 증가합니다. 또

리튬 이온 배터리(왼쪽)와 전고체 배터리의 구조 비교

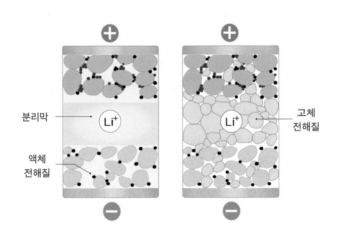

분리막

Li⁺

고체
전해질

액체
전해질

Li⁺

한 충전·방전 과정에서 양극재에 부피 변화가 생겨 틈이 벌어지고 빈 공간이 생겨납니다. 빈 공간이 생긴다는 건 양극재 기준으로 보자면 고체 전해질과 떨어져 고립된다는 뜻입니다. 리튬 이온이 양극재로 흘러가는 다리가 끊기는 셈입니다.

농도구배형 양극재와 막대형 양극재

이제 제가 연구하고 있는 분야를 소개할게요. 양극재는 기본적으로 니켈·코발트·망간NCM으로 구성되어 있어요. NCM 양극재의 특성 가운데 하나는 니켈 함량이 증가할수록 저장 용량이 커진다는 점이에요. 즉 주행 거리가 늘어납니다. 하지만 니켈 함량을 증가시키면 저장된 용량이 감소하는 속도가 빨라집니다. 수명이 짧아진다는 뜻이에요. 또한 니켈 함량이 증가할수록 발열 온도가 낮아집니다. 불이 날 확률이 높아지는 거죠. 어떻게 하면 니켈 함량을 올리면서도 수명이 오래 유지되고, 안정적이고, 화재 위험도 없는 이차 전지를 만들 수 있을까요?

이 문제를 해결하려면 먼저 니켈 함량을 늘렸을 때 양극재에 어떤 변화가 일어나는지 면밀하게 살펴봐야 해요. 양극재는 충전 과정에서 니켈 함량에 따라 특정한 영역대에서 부피가 늘어요. 부피가 늘어나면 자연스레 표면이 갈라지면서 틈이 생깁니다. 실험에 따르면, 니켈 함량이 80퍼센트 이하일 때는 틈이 생겨도 외부의 전해질이 양극재 내부까지 침투하지 못해 전지 성능에 영향을 주지 않아요. 부피가 늘어나는 정도가 작기 때문이죠. 그런데 니켈 함량

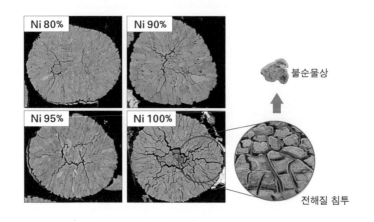

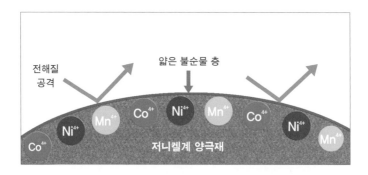

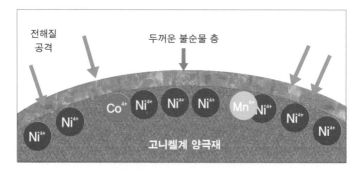

이 100퍼센트일 때는 입자 표면에서 생긴 틈이 내부까지 연결되어 전해질이 양극재 내부까지 스며들어요. 이때는 양극재 틈에 전해질이 부반응을 일으켜 층이 생성됩니다. 결과적으로 이 불순물 층이 이차 전지의 효율성과 안정성, 그리고 수명을 떨어뜨리는 원인으로 작용합니다.

저는 이 문제를 해결하기 위해 지난 2005년에 농도구배형 양극재를 개발했어요. 농도구배형 양극재란 입자 중심과 외부에 니켈 농도를 다르게 만드는 기술입니다. 그러니까 니켈을 양극재 중심에 밀집시키고, 망간과 코발트로 외부를 감싸는 구조입니다. 일반 양극재는 1000번 사용 시 용량(수명) 유지율이 68퍼센트 정도인데, 농도구배형 양극재의 용량(수명) 유지율은 88퍼센트입니다. 이는 외부의 틈이 내부로 연결되지 않아 전해질이 침투하지 못해 불순물이 쌓이지 않기 때문이에요.

농도구배형 양극재를 사용한 배터리는 못 관통 실험에서도 뛰어난 안정성을 보였어요. 또 과충전을 해도 배터리 온도가 급하게 올라가지 않고 평균치를 유지했습니다. 배터리의 효율성과 안정성을 동시에 만족시키는 기술을 개발한 것이죠. 농도구배형 양극재로 만들어진 이차 전지는 오늘날 국내외 여러 전기자동차에 쓰이고 있습니다.

다음으로, 저는 최근에 막대형 양극재를 개발했어요. 기존 일반 양극재는 시골의 돌담과 비슷한 구조예요. 다각형 1차 입자로 구성된 일반 양극 2차 입자는 충전 시 부피가 줄어들어 입자에 응력stress이 걸리게 됩니다. 이때 1차 입자 간에 틈이 발생하게 되고 전해질이 침투하여 불순물 층이 입자 내부에 생성됩니다. 따라서 배터리 수명이 짧아지는 거죠.

이에 비해 막대형 양극재는 긴 막대들이 촘촘하게 묶여 있는 모습과 비슷합니다. 막대형 양극재는 이온이 이동하는 속도가 아주 빠르고, 또 충전·방전 과정에서 틈이 생기지 않아요. 기존 일반 양극재보다 수명이 50퍼센트 정도 늘어나고, 훨씬 안정적이고, 불이 잘 나지 않습니다.

저는 이 밖에도 이차 전지 개선을 위해 여러 분야를 연구·개발하고 있습니다. 앞서 살펴보았듯이, 이차 전지 개발은 오늘날 인류에게 매우 중요한 과제입니다. 이차 전지는 눈부시게 발전해서 상용화 단계로 접어들었습니다. 이차 전지의 최고 가치는 뭐니 뭐니 해도 친환경 배터리라는 점입니다. 이차 전지를 사용하는 전기자동차는 이산화탄소를 배출하지 않아요. 또 전기자동차 배터리로 수명이 다한 이차 전지는 먼저 태양전지 등의 에너지 저장 장치Energy Storage System,ESS에 쓰이고, 여기에서도 수명을 다하면 광물을 추출해서 다시 이차 전지를 만들 수 있습니다. 더 이상 새로운 광물 자원을 사용하지 않아도 되고, 환경오염 물질을 배출하지 않는 선순환 체계를 이루는 셈입니다. 이차 전지 분야는 더 빠르고 무궁무진하게 발전할 것입니다.

하지만 이차 전지는 여전히 개선해야 할 분야가 많습니다. 무엇보다 이차 전지를 처음 만드는 과정에서 여전히 리튬·코발트·망간·니켈 같은 광물 자원이 들어가고, 많은 에너지가 소모됩니다. 이차 전지가 세계적으로 선순환 체계를 이루기 위해서는 아직 많은 시간이 필요합니다.

그 과정에서 저는 여러분이 큰 역할을 해 줄 것으로 기대합니다.

이차 전지 기술은 단기간에 결과물을 내올 수 없습니다. 멀리 내다보고 천천히 뚜벅뚜벅 걸어가야 합니다. 그러자면 이 분야에 대한 애정과 열정이 있어야 합니다. 또한 이제까지 누구도 가 보지 않은 길이라서 어떤 분야보다 창의적인 발상이 필요합니다. 매우 어렵고 힘들지만 새로운 기술을 개발했을 때는 그만큼 보람 있고 자긍심도 생겨납니다. 인류의 앞날을 더 밝고 행복하게 만든 거잖아요.

여러분이 이런 마음을 가지고 이차 전지 분야에 뛰어든다면 리튬 이차 전지보다 성능이 우수한 새로운 전지를 개발하는 혁신적인 기술을 발명할 거라고 확신합니다.

66 이차 전지가 세계적으로 선순환 체계를
이루기 위해서는 아직 많은 시간이 필요합니다.
그 과정에서 저는 여러분이
큰 역할을 해 줄 것으로 기대합니다. 99

Q 01

지금은 휴대폰이 배터리와 일체형인데 옛날에는 배터리가 분리됐잖아요. 옛날에 사용했던 분리형 핸드폰도 장점이 많다고 생각하는데 왜 사라졌을까요?

옛날에는 배터리 효율이 지금보다 떨어졌어요. 그래서 배터리 두 개를 번갈아 가며 사용하기 위해 탈부착형으로 나왔습니다. 그런데 배터리 효율이 높아지면서 그럴 필요가 없어졌어요. 기술이 발달함에 따라 배터리 하나로도 충분히 오랫동안 사용할 수 있게 된 거죠. 또 에너지 밀도가 높아지면서 배터리를 작게 만들어 휴대폰 안으로 내장했고요. 예전 탈부착형 휴대폰이 그립다고 해도 이 흐름을 거스를 수는 없을 것 같아요.

Q 02

전기자동차 말고도 우리 일상에서 이차 전지가 어떻게 활용되는지 알려주세요.

우리가 쓰고 있는 전자기기는 모두 이차 전지를 사용합니다. 우리 일상생활과 떼려야 뗄 수 없는 중요한 도우미입니다. 나아가 앞으로 로봇·비행기·선박·우주선 등에도 이차 전지가 사용될 것입니다. 다시 말하지만, 화석 연료로 작동하는 모든 기기는 머지않아 이차 전지로 대체될 수밖에 없습니다.

Q 03

수명이 다한 이차 전지를 그냥 버리면 환경오염을 일으킬 것 같은데, 폐배터리를 재활용하는 기술에 대해서 좀 더 자세히 설명해 주세요.

배터리에 쓰이는 니켈·코발트·망간 같은 재료들은 값이 비싸요. 그래서 폐배터리가 함부로 버려지는 일은 없을 거예요. 폐배터리에 쓰이는 원자재는 다시 추출하는 과정을 거쳐서 재사용될 것입니다. 그래서 이차 전지를 '도시 광산'이라고 부르기도 해요. 도시에서 채굴할 수 있는 광산이라는 뜻이죠.

폐배터리에서 원자재를 추출하는 기술은 크게 두 가지입니다. 하나는 용매를 써서 금속을 추출하는 습식 방법이고, 또 하나는 태워서 금속을 추출하는 건식 방법입니다. 이미 세계의 여러 기업이 폐배터리 재활용 분야에 뛰어들었습니다. 물론 우리나라에도 유력한 회사들이 많습니다. 이들 회사는 유럽 등지에도 공장을 세워 폐배터리 재활용 기술을 개발하고 있습니다.

Q 04

일차 전지의 원리와 특징을 좀 더 자세히 알고 싶어요.

일차 전지는 한 번 쓰고 버리는 배터리죠. 일차 전지는 양극과 음극에 저장된 화학에너지를 전기에너지로 전환해서 사용하는 원리입니다. 일차 전지는 한 번 방전되면 더 이상 가역반응이 일어나지 않아요. 다시 전기에너지를 화학에너지로 바꾸는 역반응이 일어나지 않기 때문입니다. 예를 들면, 탁상시계에 들어가는 알카라인 건전지가 일차 전

지입니다. 알카라인 건전지는 양극재에 망간, 음극재에 아연이 주로 사용됩니다. 건전지는 음극재를 중심부에 놓고, 양극재로 외부를 둘러싼 구조입니다. 여기에 탄소봉을 꽂아 음극에 연결하고, 견고함을 유지하기 위해 양극재 바깥쪽을 금속 통으로 감쌉니다. 이 금속 통은 양극 전도체와 단자 역할을 겸합니다.

Q 05
이차 전지를 개발할 때 니켈 함량에 따른 문제를 개선하기 위해 어떤 실험을 하나요?

세상 이치가 그런 것 같아요. 한쪽이 좋아지면 한쪽이 나빠지기 마련이에요. 이걸 '트레이드 오프trade-off' 현상이라고 합니다. 이차 전지의 니켈 함량이 많아질수록 전기자동차의 주행 거리는 늘어나지만, 수명은 짧아지고 안전성은 떨어집니다.

따라서 많은 실험을 거쳐 니켈 함량에 따라 장점과 단점이 교차하는 적절한 지점을 찾아야 해요. 예를 들어, 우리는 이차 전지가 전기자동차에서 얼마나 오래 작동하는지 실험합니다. 이때 정상적인 방법으로는 아주 오래 걸리겠죠? 그래서 빠르게 충전·방전하는 기계를 이용해서 수명이 얼마 정도 유지되는지 실험합니다. 또한 섭씨 45도, 섭씨 영하 25도 등 다양한 온도에서 배터리 특성(초기 용량, 수명 특성, 고율 특성 등)을 테스트합니다. 그리고 안정성도 다양하게 실험하죠. 앞서 이야기했던 못 관통 실험처럼 안정성 평가 방법도 당연히 거쳐야 합니다.

이러한 실험들은 니켈 함량(코발트, 망간 함량도 바뀜)에 따라 수행하고 최적의 성능을 보이는 조성을 결정합니다. 또한 니켈 함량이 양극재 전체에서 일정한 일반 양극재 뿐만 아니라 농도구배형 양극재, 막대형 양극재 등 다양한 모양과 미세 구조를 갖는 양극재를 테스트하여 최고의 성능을 갖는 양극재를 개발합니다.

FUN&LEARN

누군가의 빛나고 멋지고 아름다운 모습을 좋아하는 건
내 마음이 빛나고 멋지고 아름답기 때문이다.
내가 좋아하는 누군가에게
더 가까이 가기 위해 쉼 없이 노력했던 건
그만큼 내 마음에 뜨거운 열정과
흔들리지 않는 의지가 있었기 때문이다.

덕후에게
일어난 기적

—

양영은

FUN&LEARN

PROFILE

양영은

한국방송공사^{KBS} 기자이자 건국대학교 겸임교수로 활동 중이다. 서울대학교를 졸업하고, 매사추세츠공과대학교^{MIT} 슬로언^{Sloan} 경영전문대학원에서 MBA를 마친 후 하버드대학교 웨더헤드국제문제연구소에서 객원 연구원으로 근무하였다. 〈KBS 아침뉴스타임〉〈KBS 특파원 보고 세계는 지금〉 등 뉴스·시사 프로그램 앵커이자 〈인터뷰 선물〉〈톡 쏘는 인터뷰 소다〉 등 인터뷰 전문 기자로서 2014년에 한국방송인동우회 바른말 보도상, 2017년에 최은희 여기자상 등을 수상하였다. 쓴 책으로는 《미녀 여기자 3인의 고군분투기》(공저) 《나를 발견하는 시간−하버드·MIT 석학 16인의 강의실 밖 수업》 등이 있다.

당신은 기적을 믿으십니까

여러분은 기적을 믿으십니까? 저는 기적을 믿습니다. 오늘 여러분에게 실제로 저에게 일어났던 기적에 관한 이야기를 들려드릴게요. 오늘 제 강연 제목이 '덕후에게 일어난 기적'인데요. 제가 누구의 덕후였는지 궁금하지 않나요?

여러분은 아마 〈유 퀴즈 온 더 블럭〉이라는 텔레비전 프로그램을 아실 거예요. 이 〈유 퀴즈 온 더 블럭〉의 오프닝 음악이 있습니다. 바로 〈스텝 바이 스텝〉이라는 곡이에요. 우리말로는 '한 걸음 한 걸음' '순서대로 찬찬히' 정도로 풀이할 수 있겠네요. 〈스텝 바이 스텝〉은 '뉴 키즈 온 더 블록New Kids On The Block, NKOTB'이라는 그룹이 불렀던 곡입니다.

뉴 키즈 온 더 블록은 미국 보스턴 출신의 5인조 보이 밴드로, 1990년대에 세계적인 인기를 누렸습니다. 이들은 여러 장의 앨범

뉴 키즈 온 더 블록
2014년 유러피언 투어 공연 때의 모습이다.

을 내놓았는데요, 그중에 4집 앨범 타이틀곡이 바로 〈스텝 바이 스텝〉입니다. 〈스텝 바이 스텝〉은 미국 빌보드 차트에서 3주 동안 1위를 기록했을뿐더러 세계적으로 엄청난 인기를 끌었어요. 덕분에 1990년대 대중문화를 이야기할 때면 자주 배경 음악으로 흘러나오곤 합니다. 사실 〈유 퀴즈 온 더 블럭〉이라는 프로그램 제목도 뉴 키즈 온 더 블록의 패러디라고 합니다. 그만큼 뉴 키즈 온 더 블록은 유명했고, 미국 팝 음악의 한 시대를 대표하는 그룹으로 기록되고 있습니다.

청소년 여러분에게는 뉴 키즈 온 더 블록의 인기가 얼마나 대단했는지 실감이 나지 않을 것 같아서 제가 기사를 하나 소개할게요. 지난 2021년 방탄소년단BTS이 뉴 키즈 온 더 블록을 만났다는 소식을 다룬 기사인데요. 기사의 제목이 〈방탄소년단, 전설의 그룹 뉴 키즈 온 더 블록과 투 샷… '주먹 인사'까지〉입니다. 방탄소년단이 뉴 키즈 온 더 블록과 만났다는 건 대중음악사에서 대단히 상징적인 사건이라고 할 수 있어요. 그러니까 방탄소년단이 뉴 키즈 온 더 블록으로부터 대중음악을 선도하는 보이 그룹의 계보를 이어받았다는 사실을 보여 주는 기사인 거죠.

제가 기사를 찾다 보니 조금 오래된 기사도 눈에 띄더라고요. 〈'뉴 키즈'서 '동방'까지… 20년 팬문화 변천사〉라는 제목으로 우리나라 팬덤 문화를 다룬 기사인데, 2009년에 쓰인 내용이라 여러분에게는 좀 낯설겠네요. 제가 이 분야의 전문가는 아니지만, 일반적으로 우리나라 대중음악에서 서태지와 아이들이 최초로 팬덤 문화를 형성했다고 보더라고요. 그런데 외국 가수까지 넓혀 보자면, 기사 제목에도 나오듯이 우리나라 최초의 팬덤 문화는 뉴 키즈 온 더 블록 때부터 시작되었다고 평가합니다. 그 토양 위에서 서태지와 아이들이 꽃을 피운 셈이죠. 제 친구들 중에도 뉴 키즈 온 더 블록 팬으로 시작했다가 서태지와 아이들의 팬으로 옮겨 간 경우가 많았 어요. 자, 이쯤이면 여러분도 눈치챘겠죠? 저는 뉴 키즈 온 더 블록 덕후였어요. 그 시절 여러분 또래였던 저는 온 마음을 다해 그들을 좋아했고, 제 청춘은 늘 그들과 함께였습니다.

1992년에 뉴 키즈 온 더 블록이 우리나라에 첫 내한 공연을 왔었 습니다. 그런데 너무나 많은 팬이 콘서트장에 몰려들어서 열광적으 로 환호하다가 그만 서로 뒤엉켜 넘어져서 다치고, 심지어 한 여학 생이 목숨까지 잃은 사고가 발생했어요. 물론 저도 그 현장에 있었 습니다. 비극적인 사고가 일어나기는 했지만, 그 내한 공연으로 저 에게는 인생의 전환점이 된 잊을 수 없는 기억이 하나 생겼습니다.

내한 공연 소식을 처음 들었을 때, 저는 난생처음 묵주 기도를 시 작했어요. 뉴 키즈 온 더 블록이 한국에 왔을 때 꼭 한 번 만나 보게 해 달라고 몇 주 동안 날마다 열심히 빌었습니다. 간절한 기도가 하 늘에 닿았을까요? 지인분의 극적인 도움으로 마침내 저는 뉴 키즈 온 더 블록의 기자 회견장에 들어가는 데 성공했습니다.

뉴 키즈 온 더 블록 중에서 제가 가장 좋아했던 멤버는 막내 조이 매킨타이어였습니다. 그날 기자 회견장에는 다섯 멤버가 다 참석하 지는 않았고요. 조이, 그리고 그와 가장 친한 대니 우드 두 명만 참 석했습니다. 운 좋게 기자 회견장에 들어간 저는 그들이 인터뷰하 는 모습을 한순간도 놓치지 않고 지켜보았어요. 당시 인터뷰어는 두 사람과 아주 자연스럽고 막힘없이 영어로 대화를 나누었는데, 그 모습이 너무나 근사하고 멋져 보였어요.

덕후가 외고에 들어간 이유

그 이후로도 뉴 키즈 온 더 블록, 특히 조이를 향한 저의 덕질은 계속되었습니다. 지금 생각하면 쑥스럽지만, 그때는 정말 진심으로 사춘기 소녀가 할 수 있는 모든 덕질을 했습니다. 바닷가 모래밭에 영어로 '나는 정말로 조이를 사랑한다.'고 쓰기도 했고, 필통과 노트는 물론 방 벽에다가도 뉴 키즈 온 더 블록 포스터와 잡지 사진과 스티커를 빼곡히 붙였습니다. 뿐만 아니라 제 일기는 늘 'Dear Joey' 이렇게 시작했습니다. 조이에게 쓰는 편지였던 거죠. 저는 제가 할 수 있는 영어와 한국어를 섞어 날마다 조이에게 정성스런 편지(일기)를 썼습니다.

제가 얼마나 뉴 키즈 온 더 블록을 좋아했던지, 아버지께서 자전적 에세이집을 내셨는데, 거기에 한 에세이 제목이 〈딸의 연인〉이었

덕질의 흔적

어요. 뉴 키즈 온 더 블록과 조이 매킨타이어를 향한 저의 덕질을 옆에서 지켜보시고 정말로 딸아이의 첫사랑으로 인정해 주신 거죠.

당시 제 덕질 중에 빼놓을 수 없는 게 팬레터를 보내는 일이었습니다. 조이의 집으로 공개된 주소는 보스턴 근교에 있는 작은 도시의 한 주택이었는데, 저는 그 주소로 정말 수없이 많은 팬레터를 보냈습니다. 그런데 팬레터를 쓰면 쓸수록 깨닫게 되는 게 있었어요. 바로 부족한 제 영어 실력이었습니다. 제 실력으로는 절절하고 애끓는 마음을 온전하게 표현할 수가 없었어요. 그래서 생각했죠. '영어를 잘해야겠다. 내 마음을 제대로 보여 줄 만큼 근사한 팬레터를 쓰기 위해!'

그때 중학생이었던 저는 어떻게 하면 영어를 더 잘할 수 있을까 고민했습니다. 그러고는 외국어고등학교에 진학하기로 마음먹었어요. 외고는 일반 고등학교보다 영어 수업 시간이 많았기 때문입니다. 지금도 그렇지만, 외고에 가려면 성적이 좋아야 했습니다. 저는 정말 열심히 공부했습니다. 뉴 키즈 온 더 블록에게 멋진 팬레터를 보내겠다는 각오로 최선을 다했고, 결국 외고에 입학할 수 있었습니다.

외고에 들어가서도 저는 하루에 몇 시간은 꼬박꼬박 뉴 키즈 온 더 블록의 뮤직비디오를 보고 음악을 들었습니다. 외고에는 저처럼 해외 가수 덕후들이 제법 많았어요. 이 친구들과 최신 해외 정보를 번역해서 돌려보며 수다를 떨기도 했어요. 저에게는 이 모든 게 여고생 시절의 소중한 경험이자 잊을 수 없는 추억입니다.

찬란했던 청춘의 날들이여, 안녕

고등학교 생활은 결코 쉽지 않았어요. 답답한 교실에 하루 종일 갇혀서 친구들과 치열하게 경쟁하다 보면 숨이 막힐 정도였습니다. 무엇보다 공부할 시간이 늘어나면서 덕질할 시간이 부족해졌어요. 이대로는 공부와 덕질, 어느 쪽에도 전념할 수 없을 것 같았어요. 저는 고민 끝에 어머니께 제안을 하나 드렸어요. "제가 열심히 공부해서 목표한 대학에 합격하면, 그해 여름 방학 때 미국에 보내 주세요." 미국에 가려는 이유는 하나, 뉴 키즈 온 더 블록이 사는 곳에 직접 가 보고 싶었기 때문입니다. 최소한 조이에게 팬레터를 보냈던 주소지에라도 가 보고 싶었거든요. 다행히 어머니는 흔쾌히 약속해 주셨습니다.

그때부터 저는 공부에 매달렸고, 드디어 원하던 대학교에 합격했습니다. 그리고 어머니는 그해 여름 방학에 미국행 비행기표를 끊어 주셨습니다. 그렇게 해서 대학 1학년 여름 방학 때 저는 수없이 팬레터를 보냈던 주소지의 대문 앞에 다다랐습니다. 문은 굳게 닫혀 있었고, 벽에는 '접근 금지 / 사유지'라는 팻말이 붙어 있었습니다. 이때 제 감정이 어땠을까요? 지금도 생생하게 기억하는데요. 저는 그 자리에서 저도 모르게 울기 시작했어요. 저를 태워다 주신 삼촌 차 안에서 정말 펑펑 울었습니다.

이유가 뭐였을까요? 지난 수년 동안 저는 이날만을 보고 달려왔어요. 외고를 간 이유도, 서울대에 입학한 이유도 오직 이거였습니다. 뉴 키즈 온 더 블록을 직접 만나 이야기해 보고 싶다는 일념으로 저는 절실하게, 열심히 노력했습니다. 그리고 마침내 미국에 와

팬레터를 보내던 조이네 집

서 조이가 사는 집 앞까지 왔는데, 막상 더 이상은 제가 할 수 있는 일이 없었습니다. '접근 금지'라고 되어 있으니 초인종을 누를 수도 없고, 정작 조이가 그 집에 살고 있는지조차 확인할 길이 없었습니다. '이제는 내 인생의 한 막을 내릴 때구나. 뜨거웠고 그래서 더욱 찬란했던 소녀 시절의 사랑에 작별을 고할 때구나.' 이렇게 청춘의 한 챕터를 맺음해야만 하는 아쉬움에서 흘러내린 눈물이었던 것 같아요.

한참을 울고 났더니 삼촌이 저를 다독여 주셨어요. 그러고는 보스턴에 온 김에 대학교나 구경하자고 제안하셨죠. 마침 그 근처에는 미국에서 가장 유명한 두 대학, 하버드대학교와 매사추세츠공과대학교MIT가 있었어요. 차로 15분 정도 거리에 있는 하버드대학교를 구경하고, 그곳에서 10분 정도 거리에 있는 MIT도 구경했습니다. 제가 다니는 서울대학교도 물론 좋았지만, 두 대학교는 그야말로 환상적이었습니다. 캠퍼스는 말할 것도 없었고, 그곳에서 공부하는 학생들은 빛이 나는 듯했습니다.

생각지도 못하던 때에 찾아온 기적

미국에서 돌아온 저는 대학 생활에 전념했습니다. 그러던 중 4학년이 된 해 어느 날, 놀라운 소식이 들려왔어요. 제가 그토록 덕질했던 바로 그 조이 매킨타이어가 솔로 앨범을 내고 우리나라를 방문한다는 소식이었습니다. 뉴 키즈 온 더 블록은 당시 활동을 멈춘 상태였고, 멤버들은 뿔뿔이 흩어졌다고 들었는데 조이 매킨타이어가 혼자 앨범을 내고 홍보차 내한한다는 거예요.

저는 곧장 공연을 주관하는 기획사로 달려갔습니다. 그러고는 진지하게 제안했습니다. "제가 뉴 키즈 온 더 블록의 오랜 팬이에요. 지금은 영문학을 전공하는 대학생인데, 기회가 된다면 조이 매킨타이어 내한 때 통역 자원봉사를 하고 싶습니다."라고 말입니다.

그리고 제 오랜 꿈을 실현할 기회가 정말로 찾아왔습니다. 오른쪽 사진이 제가 조이 매킨타이어 내한 때 통역 일을 마치고 찍은 사진입니다. 사진 속 남자가 바로 조이에요. 조이가 손에 들고 있는 공책 보이세요? 바로 제 예전 일기장입니다. 제가 조이에게 오랜 팬이었다며 제 일기장을 보여 주자, 조이는 거기에 이렇게 써 줬어요. "Today, I met Joe(나는 오늘 조를 만났다)." 정말 센스 있지 않나요? 이런 순간이 실제로 찾아오다니 상상조차 어려웠던 '기적 같은 순간'이었습니다. 제가 그토록 오랫동안 바랐지만 미국에 다녀온 이

조이 매킨타이어 내한 당시 통역 자원봉사를 맡았다.

후로는 내려놓고 있었던 일이 생각지도 않던 때에 드라마처럼 이루어졌으니까요.

　여기에서 또 한 가지 느낀 게 있었는데요. 당시 조이의 내한 행사에도 수많은 팬들이 찾아왔어요. 대부분 제 또래 사람들이었습니다. 아마도 저처럼 중·고등학생 시절에 뉴 키즈 온 더 블록과 조이의 덕후였던 분들이겠죠. 그 시절에 저는 바닷가 모래알처럼 수많은 팬 가운데 한 명이었어요. 우리는 저마다 누구보다 뉴 키즈 온 더 블록을 좋아하고, 또 가까이에서 만나고 싶어 했죠. 그런데 그날 저는 그 많은 팬들 가운데 유일하게 통역사로서 조이를 가까이 만나 도움을 주었습니다. 그 수많은 팬들 가운데 왜 저만 조이의 통역사가 될 수 있었을까요? 저는 이걸 준비된 사람에게 찾아온 기회이자 기적이라고 생각합니다. '항상 준비하고 있어야 한다. 기회를 잡기 위해서가 아니라 기회가 찾아왔을 때 놓치지 않기 위해서!' 그때 얼

은 깨달음이었습니다

　몇 년이 지난 뒤, 저는 KBS에 기자로 입사했습니다. 제가 어릴 적 동경하던 스타들을 공식적으로 인터뷰할 수 있는 자격이 주어진 셈이죠. KBS에 들어와서 얼마 지나지 않아 또 한 번 기적 같은 일이 찾아왔습니다. 이번에는 조이 매킨타이어가 뮤지컬 〈틱틱 붐!〉의 주연 배우가 되어 우리나라에서 공연하기 위해 찾아온 거예요. 저는 그때 조이 매킨타이어가 정말 대견하고 자랑스러웠어요. 조이는 뉴 키즈 온 더 블록으로 활동하던 시기에도 자기는 뮤지컬 배우가 꿈이라고 늘 말해 왔어요. 그리고 결국 그 꿈을 이뤄 냈습니다. 제가 좋아하던 조이는 자기와의 약속을 지킨 멋진 사람이었던 거죠. 저는 사람 보는 눈이 있었다는 생각에 조이에게 고마운 마음이 들었습니다. 당시 문화부 기자였던 저는 그 현장을 취재하면서 다시 조이와 만나 인터뷰했고, 뉴스에 내보낼 수 있었습니다. 기자로서 또 앵커로서 많은 기사를 쓰고 방송을 했지만 그때 그 취재는 더없이 값지고 귀한 경험이었습니다.

　그리고 몇 년 후, 저는 오랫동안 마음속에 담아 두었던 또 하나의 꿈을 실현하기 위해 미국행을 결심했습니다. 뉴 키즈 온 더 블록을 보고 싶어 갔던 미국에서 뉴 키즈 온 더 블록은 못 보고 대학교만 보고 왔다고 했잖아요. 그런데 그때 그 경험이 저에게 또 다른 꿈을 품게 했어요. '언젠가 다시 이곳에 와서 유학 생활을 해 보고 싶어.'

　저는 MBA(경영전문대학원 석사) 과정에 도전했습니다. 그리고 입학 지원 서류에서 '왜 이 학교에 오고 싶은가?'라는 물음에 저는 제 덕질과 조이 매킨타이어와의 인연, 그리고 제 마음의 여정을 담담하게 써서 냈습니다. 그리고 마침내 저는 MIT 입학 허가를 받았습

가운데 보이는 건물이 보스턴 프루덴셜 타워이다.

니다.

미국에 도착해 MIT 캠퍼스에 발을 디딘 첫날, 기숙사 방 창밖으로는 프루덴셜 타워가 우뚝 선 보스턴의 야경이 아름답게 펼쳐져 있었습니다. 그때 저는 또 한 번 기적을 경험하는 기분이었어요.

제가 덕후 때 팬레터를 수없이 보냈다고 했었죠? 저는 조이의 집 말고 다른 곳으로도 팬레터를 보냈어요. 그중 한 주소지가 프루덴셜 타워의 한 사무실이었습니다. 제가 그토록 그리워하며 설레는 마음으로 썼던 '프루덴셜 타워'라는 글자가 매일 밤낮으로 제 눈앞에 펼쳐졌습니다. 프루덴셜 타워는 제가 올 줄 알고 기다렸다는 듯 친근하고 따뜻한 모습이었어요.

기적 같은 우연은 또 있었습니다. 제가 유학 생활을 시작한 2008년에 뉴 키즈 온 더 블록이 완전체가 되어 컴백한 거예요. 입학하고 얼마 지나지 않아 보스턴을 대표하는 농구장 TD 가든에서 그들의 컴백 콘서트가 열렸어요. 저는 오랜 팬이자 또 보스턴 시민으로서 그들의 공연을 더없이 신나고 즐겁게 관람했습니다. 마침 부모님도 오셔서 딸의 성장을 흐뭇하게 바라보셨죠.

제 이야기는 MIT 동문회보에도 소개됐어요. 〈절대로 꿈을 포기하지 않아야 하는 이유, 보이 밴드와 관련된 꿈일지라도〉라는 제목으로 소개되었는데, 많은 친구와 동문들로부터 큰 호응을 받았습니다.

기적은 여기에서 끝나지 않았습니다. MIT에서 2년 동안 공부하고 학위를 받은 뒤에 저는 운 좋게 하버드대학교 웨더헤드국제문제연구소 객원 연구원으로 선발되어 1년 더 미국에 있으면서 일할 기회를 얻었습니다. 이보다 더 놀랍고 감동적일 수 있을까요? 정말 신의 계획이란 놀랍다고 생각했습니다. 이후에 저는 다시 한국으로 돌아와 KBS 기자이자 진행자로 일하고 있습니다.

기적은 누구에게 찾아오는가

이렇게 말하고 나니 저에게 찾아온 기적을 자랑하듯 늘어놓은 것 같네요. 하지만 저는 이 연이은 기적이 결코 우연이나 행운 때문만은 아니라고 생각해요. 저는 정말 간절히 꿈꾸고 또 그 꿈을 이루기 위해 열심히 노력했습니다. 꿈이 응답받지 못하는 것처럼 느껴질 때도 기도를 안 들어주신다고 탓하거나 주저앉지 않았어요. 물론 실망하고 눈물 흘릴 때도 있었지만요. 덕질을 하려면 자신이 가진 모든 걸 바쳐서 맹렬하게 달려들 용기가 있어야 해요. 그래야 기적을 바랄 수 있지 않을까요?

톰 크루즈가 〈탑건: 매버릭〉 홍보차 내한했을 당시 인터뷰를 하였다.

이런 기적을 이룬 사람을 한 명 더 소개할게요. 여러분, 미국 영화 배우 톰 크루즈 잘 알죠? 얼마 전에 영화 〈탑건: 매버릭〉이 개봉했을 때 톰 크루즈가 홍보차 내한했어요. 저는 톰 크루즈를 인터뷰하게 됐는데 위의 사진이 그때 찍은 것입니다.

제가 입고 있는 옷 보이나요? 톰 크루즈가 제 덕질 대상은 아니었지만 세계적인 스타잖아요. 그래서 인터뷰할 때 저는 어떤 옷을 입을까 고민했어요. 제가 오늘 여러분과의 만남을 위해 어떤 옷을 입을까 고민한 것처럼요. 그리고 인터뷰 때 어떤 질문을 하고 어떤 이야기를 나눌까 생각하면서 톰 크루즈를 만나기 전에 〈탑건: 매버릭〉을 몇 번이나 보고 또 봤습니다. 그러자 영화 속 여주인공이 항공 점퍼를 입은 장면이 눈에 띄더라고요. 저는 무릎을 탁 쳤어요. '항공 점퍼를 입고 톰 크루즈를 인터뷰해야겠다.'

당연히 저에게는 항공 점퍼가 없었어요. 하지만 생각나는 사람이 있었습니다. 아주 어렸을 때부터 파일럿을 꿈꿔 왔으며, 민간인이지만 실제로 전투기를 타고 평가 비행한 경험도 가지고 있는 자랑스런 친구가 있었거든요. 저는 그 친구에게 전화를 걸었고, 친구는 출장에서 돌아오자마자 자기 항공 점퍼를 가지고 인터뷰가 진행될 시사회장에 달려와 주었습니다. 제가 사진 속에서 입고 있는 옷이 바로 그 친구의 항공 점퍼입니다.

  그런데 친구가 건네준 항공 점퍼를 받아 든 저는 명찰을 보고 고개를 갸웃했습니다. 저는 당연히 친구의 이름이 명찰에 새겨져 있을 거라고 생각했어요. 그런데 뜻밖에 친구의 항공 점퍼에는 'LT PETE MITCHELL / MAVERICK'이라는 명찰이 달려 있었어요. 1986년에 개봉한 영화 〈탑건〉을 본 사람은 이 명찰이 어떤 의미인지 이해할 수 있을 텐데요. 당시 젊은 톰 크루즈는 피트 미첼 대위역을 맡았어요. 전투기 파일럿은 비행할 때 서로 닉네임을 부르는

친구의 항공 점퍼에 달려 있던 명찰

데, 피트 미첼 대위의 닉네임이 바로 '매버릭'이에요. 이번에 개봉한 〈탑건: 매버릭〉에서 톰 크루즈는 '캡틴 피트 미첼'이라는 명찰을 달 았어요. 속편에서 피트 미첼이 대위에서 대령으로 승진했다는 사실 을 알 수 있습니다. 그러니까 친구의 항공 점퍼에는 1986년 〈탑건〉 에서 톰 크루즈가 입었던 옷을 본떠서 만든 명찰이 달려 있었던 거 예요.

저는 친구에게 물어봤어요. "네 항공 점퍼인데 왜 네 이름이 아니 라 옛날 매버릭 대위 이름을 달아 놨냐?" 그랬더니 친구는 "그때부 터 매버릭은 내 꿈이었으니까."이라고 답했어요. 친구는 꿈을 간직 하고 그 꿈을 이루기 위해 명찰에 영화 속 주인공 이름을 새겨 놓았 던 거예요.

사실 친구에게는 아픔이 있었습니다. 파일럿이 되고 싶었지만 색 약 판정을 받아서 꿈을 접어야 했거든요. 하지만 제 친구는 그대로 주저앉지 않았고, 어떻게든 꿈에 가까이 다가가기 위해서 노력했습 니다. 항공 분야와 관련된 전문 지식을 쌓아서 항공 전문 기자가 되 었고, 《비상》이라는 책을 펴내기도 했습니다. 또 하버드대학교 케 네디스쿨을 졸업한 뒤에 지금은 항공계 종사자로 일하고 있습니다. 비록 파일럿은 아니지만, 이 정도면 자신의 오랜 꿈을 실현했다고 볼 수 있겠죠?

인터뷰 자리에서 톰 크루즈가 저에게 건넨 첫 인사말이 뭐였는지 아세요? 제가 입은 항공 점퍼를 보더니 "나이스 재킷!" 하면서 관 심을 보였어요. 저는 톰 크루즈에게 "사실 이 점퍼는 당신을 평생 동경하며 자란 한 친구의 옷이다."라고 이야기했습니다. 톰은 그 친 구가 누구냐고 저에게 물었습니다. 그렇게 해서 제 친구와 톰 크루

친구의 항공 점퍼에
사인을 하고 있는
톰 크루즈

즈의 즉석 만남이 성사됐답니다. 톰 크루즈는 친구 꿈에 보답하는 의미로 항공 점퍼 안에 사인을 해 줬습니다. 제 친구에게도 그 순간은 정말 기적처럼 느껴졌을 거예요. 마치 조이 매킨타이어가 제 일 기장에 사인을 해 줬던 때처럼 말이죠.

성덕이 되기 위한 매우 까다로운 조건 하나

제 친구와 저는 톰 크루즈의 매버릭과 조이 매킨타이어를 동경했습니다. 그들과 만나기를 절실히 원했지만 실제로 그런 순간이 오리라고 상상이나 했을까요? 하지만 저와 제 친구에게는 그 일이 실제로 일어났습니다. 왜 저희에게 기적이 일어났을까요?

여러분, 덕후는 아무나 될 수 없습니다. 왜냐하면 마음속에 누군가에 대한 사랑의 씨앗이 심어져야 하기 때문이에요. 정말로 깊은 사랑에 빠져야만 덕후가 될 수 있습니다. 그렇지만 한편으로는 누구나 덕후가 될 수 있습니다. 스타를 열렬히 사랑하는 마음만 있다면, 그 자체로 덕후가 되는 거니까요. 덕후가 되기 위해서는 별다른 노력이 필요하지 않습니다.

하지만 성덕은 정말로 아무나 될 수 없습니다. 성공한 덕후가 되려면 남다른 노력이 필요하거든요. 사랑의 씨앗을 꽃피우려면 날마다 성심으로 보살피고 오랫동안 북돋아 줘야 합니다. 남다른 열정과 의지가 없다면 결코 성덕이 될 수 없습니다.

여러분, 누군가의 덕후인가요? 성덕이 되고 싶은가요? 그렇다면 자신의 마음을 따라 쉼 없이, 흔들림 없이 나아가세요. 그리고 무엇보다 자기를 사랑하세요. 누군가의 덕후로서 내가 자랑스럽고 행복하다고 느껴 보세요. 자신을 사랑하는 법을 아는 사람만이 누군가의 성덕도 될 수 있습니다. 이 세상에서 가장 소중한 건 결국 나 자신이거든요. 그들을 향한 사랑이 나를 더욱 사랑하게 하는 밑거름이 되게 하세요.

지난날 제가 누군가의 덕후가 되어 덕질을 했던 것도, 곰곰이 생각해 보면 나에 대한 사랑이 투영된 결과였습니다. 누군가의 빛나고 멋지고 아름다운 모습을 좋아하는 건 내 마음이 빛나고 멋지고 아름답기 때문입니다. 내가 좋아하는 누군가에게 더 가까이 가기 위해 쉼 없이 노력했던 건 그만큼 내 마음에 뜨거운 열정과 흔들리지 않는 의지가 있었기 때문입니다. 그러니까 자기를 진정으로 아끼고 사랑하는 사람은 성덕이 될 자질을 갖춘 셈입니다.

내가 자신을 사랑하지 않고 성덕이 되기 위해 아무런 노력도 하지 않는다면 과연 기적이 찾아올까요? 내가 좋아하던 누군가가 어느 날 갑자기 내 앞에 나타난다고 한들 과연 내가 그 기적을 온전히 행복하고 떳떳하게 받아들일 수 있을까요? 저의 드라마 같은 경험을 감히 여러분에게 들려드린 이유가 여기에 있습니다.

저는 요즘에도 덕질을 하고 있습니다. 대상은 조금 바뀌었어요. 몇 해 전에 제가 《나를 발견하는 시간-하버드·MIT 석학 16인의 강의실 밖 수업》이라는 책을 냈습니다. 이 책에는 제가 우리 시대의 석학들을 인터뷰한 내용이 담겨 있습니다. 저는 이처럼 지혜로운 사람들을 만나서 그들의 깊고 넓은 지식과 지혜, 그리고 삶에 대한 태도를 경청하고, 나아가 그걸 더 많은 사람들과 공유하는 재미에 푹 빠져 있습니다. 그럼으로써 우리 사회를 더 풍요롭고 아름답게 만드는 데 작게나마 도움이 되고 싶습니다. 이런 생각을 하면 하루하루 행복하고 열정이 샘솟아요. 지금 이 순간 제 덕질 대상은 바로 기자로서 누릴 수 있는 소명입니다.

제 이야기를 들으면서 '나는 이제까지 덕질해 본 적이 없는데, 내 안에 열정이 부족해서일까?' 하고 고민되는 분들도 있을 거예요. 그렇지 않습니다. 걱정하지 마세요. 덕질의 축복은 어느 날 갑자기 찾아온답니다. 저도 뉴 키즈 온 더 블록이 아니었다면, 덕질이나 덕후라는 단어들을 머리로는 알아도 마음으로 공감하지 못했을 거예요.

평생 누군가의 덕후가 되지 않는다고 해도 여러분 삶에 기적이 사라지는 건 아니에요. 애플 창업자 스티브 잡스는 2005년 스탠퍼드 대학교 졸업식 축사에서 이렇게 말했어요. "미래를 바라보면서 점 (경험)들을 연결할 수 없습니다. 과거를 뒤돌아볼 때만 점들을 연결할 수 있습니다." 스티브 잡스의 말을 빌리자면, 여러분과 저와의 차이는 딱 하나입니다. 저는 과거에 제가 찍어 온 점들을 지금 뒤돌아서 선으로 연결할 수 있는 사람입니다. 여러분은 미래에 어떻게 연결될지 알 수 없지만, 점을 찍어 갈 사람입니다. 분명 여러분 모두는 언젠가 지나온 날들을 뒤돌아보면서 그 점들을 기적처럼 연결할 수 있을 거예요. 어떤 기적을 경험할지는 오롯이 여러분이 어디를 향해 어떻게 나아가느냐에 달려 있습니다.

다시 한번 제가 열심히 덕질할 수 있게 해 준 뉴 키즈 온 더 블록에게 고마운 마음을 전합니다. 그리고 오늘 제 이야기를 들어준 여러분에게도 고맙다는 말씀 전합니다. 덕후에게 일어난 기적이 여러분에게 자신감과 영감, 그리고 나에 대한 사랑을 일깨워 주길 바랍니다.

> 66 자신의 마음을 따라 쉼 없이,
> 흔들림 없이 나아가세요.
> 그리고 무엇보다 자기를 사랑하세요.
> 이 세상에서 가장 소중한 건 결국 나 자신이거든요. 99

Q 01

덕질을 하면서 가장 힘들었던 순간은 언제였나요? 덕질과 공부의 균형을 잘 조절하는 방법이 있을까요?

덕질을 하면서 가장 힘들었던 순간은 마음껏 덕질을 할 수 없었을 때였어요. 앞에서 말씀드렸지만, 덕질은 정말 끝이 없잖아요. 그런데 마음껏 덕질하지 못하고 자제해야 할 때가 있어요. 왜냐하면 계속 뮤직비디오만 보고 음악만 듣고 있으면 공부를 열심히 할 수가 없고 그러면 뉴 키즈 온 더 블록을 보러 미국에 갈 수가 없으니까요. 시간은 한정되어 있고, 나는 내게 허락된 시간을 덕질에 쓸 것인지 공부에 쓸 것인지 판단해야 했어요. 그런 선택의 순간이 가장 힘들었어요. 저는 덕질을 당분간 자제하는 인고의 세월을 선택했어요. 대신 나중에는 더 원없이 덕질을 하겠다고 생각했어요. 어린 나이에는 사실 그게 쉽지 않거든요. 그럴 때는 일종의 자기 극복 훈련이 필요한데, 저는 미래의 근사한 모습을 상상하곤 했어요. '나중에 이렇게 할 거야. 내 마음껏 할 수 있으면 이런 일을 할 거야.' 하면서요.

덕질과 공부를 병행할 때 균형을 유지하는 것도 아주 중요해요. 그런데 그 균형이라는 게 사실은 굉장히 주관적이죠. 스스로 생각하는 균형과 부모님·선생님이 생각하는 균형이 다릅니다. 이럴 때는 양쪽의 의견을 조금씩 맞춰 가야 해요. 어느 한쪽 의견을 일방적으로 강요하면 안 돼요. 어느 하나가 절대적으로 맞거나 틀린 게 아니잖아요. 하루아침에는 힘들겠지만, 어쨌든 최선을 다해 나와 주변의 의견을 조율하는 수밖에 없어요.

Q 02

성덕이 되기 위해서 서울대학교에 입학하고 미국 유학도 갈 만큼 열심히 노력했다고 들었습니다. 그처럼 남다른 노력을 하면서 어떨 때는 정말 힘들었을 것 같아요. 그럴 때는 어떻게 극복했나요?

힘든 것뿐만 아니라 많이 외로웠던 것 같아요. 지금은 이렇게 담담하게 얘기할 수 있지만, 여러분처럼 중·고등학생 시절에는 저도 질풍노도의 시기로 감수성이 극도로 예민했던 시기였거든요. 오죽하면 일기장에 '저에게 공부할 수 있게 힘을 주세요.'라고 쓰기까지 했을까요.

그럴 때마다 저는 미래의 제 모습을 상상했습니다. 성공한 대학생 또는 성공한 사회인이 되어서 멋진 사람들을 만나고 대화하는 제 모습을 그려 보았어요. 그랬더니 멋진 사람들과 만나서 이야기하려면 당연히 지적 수준도 높아야 하고, 무엇보다 인간으로서 매력적이어야 되겠다는 생각이 들더라고요.

저는 최대한 구체적으로 상상하고, 그걸 글로 써서 책상 위 잘 보이는 곳에 붙여 놓았어요. 그리고 힘들 때면 주문을 외우듯 그걸 보면서 공부했고요. 또 지금 당장은 공부 때문에 못 하지만, 미래에 하고 싶은 일을 하나하나 수첩에 적었습니다. 나중에 입시로부터 자유로워지면 무엇을 할지 구체적으로 적었어요. 나중에 그 수첩을 꺼내 보니까 그 목록 중에서 제가 제법 많은 내용을 해냈더라고요.

여러분도 힘들 때 그 시기를 잘 이겨 낼 수 있는 나만의 방법을 찾으면 좋겠어요.

Q 03
청소년 중에는 아직 꿈이 없는 친구들이 많아요. 덕질에 빠져 지내다가도 불확실한 미래 때문에 두렵기도 해요. 이렇게 갈피가 잡히지 않을 때 어떻게 하면 좋을까요?

앞서 이야기했듯이 덕질은 아무나 할 수 있는 게 아니에요. 왜냐하면 덕후는 노력한다고 되는 게 아니거든요. 그냥 사랑에 빠지는 것처럼 어느 순간 나한테 찾아오는 거라고 생각해요. 제 경험이 그랬으니까요. 그런데 누군가를 흠뻑 좋아한다는 건 아주 근사하고 소중한 경험입니다. 일단 덕후가 되었다면 마음이 이끄는 대로 가 보는 수밖에 없어요.

다만, 저는 덕질을 하면서 제 마음을 어떻게 하면 저 자신을 위해서 생산적으로 쓸 수 있을지 수도 없이 고민했던 것 같습니다. 어린 마음에도 그래야 제가 좋아하는 누군가에게 부끄럽지 않은 사람이 될 거라고 생각했습니다. 그렇게 하다 보니 어느 순간 덕질 덕분에 성장해 있는 저를 발견할 수 있었습니다. 여러분이 이미 덕질을 하고 있다면 마음속에 축복 같은 씨앗이 심어진 거예요. 이 씨앗에 물을 주고 가꿔서 잘 키워 내는 건 여러분의 몫이에요. 혼자서 어려우면 주변 선배나 어른의 도움을 받아 보세요.

이 자리를 빌려 여러 부모님과 선생님에게 한 말씀드릴게요. 제가 덕질에 빠진 소녀였을 때 제 부모님과 선생님은 저를 오랫동안 묵묵히 지켜보고, 지지해 주었어요. 그리고 제가 힘들 때면 많이 상처받지 않게 조심스레 손을 잡아 줬어요. 그런 배려 덕분에 제 덕질이 해피 엔딩이 될 수 있었어요. 그러니 어린 덕후들을 예쁘게 봐주고, 아이들이 필요로 할 때 먼저 손을 내밀어 주세요.

FUN났

Q 04

제가 기자를 꿈꾸고 있는데, 덕질 경험이 기자 생활에 어떻게 도움이 됐는지 궁금합니다.

글쎄요, 제 생각에 덕후는 기본적으로 열정의 씨앗을 품고 있어요. 나아가 덕질의 경험은 그 씨앗에 생명력을 불어넣어 줍니다. 덕질할 때 항상 좋은 순간만 있는 건 아니거든요. 그런데 그 고비를 넘어서면 더 단단해진 느낌을 받아요. 씨앗이 한 뼘 더 성장한 기분이 들 때의 기쁨을 알게 되면 어려움이 닥쳐도 딛고 일어설 수 있습니다. 이런 경험은 우리가 성장하고 삶을 살아가는 데 아주 중요합니다.

우연히 직업을 선택한 사람들도 있겠지만, 방송국에서 일하는 대부분 사람들은 이 분야의 일이 정말 하고 싶어서 오랫동안 준비합니다. 그래도 일하면서 자주 고비가 찾아옵니다. 저도 마찬가지고요. 그럴 때 저는 마음의 씨앗을 잘 키워 낸 성공의 경험과 자신감 덕분에 이겨 낼 수 있었습니다.

제가 기자로 일하면서 뉴 키즈 온 더 블록을 인터뷰했던 순간처럼 너무너무 원하는 일을 할 때도 있지만, 때로는 가슴 아픈 사건 사고 현장에도 가야 하고, 그걸 냉정하게 취재해서 시청자에게 객관적으로 전달해야 하는 힘들고 어려운 순간이 생기기도 합니다. 그럴 때 제 마음에 뿌리내린 씨앗은 저에게 현장에서 버틸 수 있는 용기와 힘, 그리고 의지가 되어 주었어요.

FUN&LEARNI

AI는 급속도로 발전하고 있다.
그 속도와 정보량에 현혹되면 안 된다.
AI는 우리 모두를 차별 없이 인식해야 하고,
우리 모두에게 도움을 공평하게 주어야 한다.

AI는 지금보다 훨씬 빠르고 광범위하게
우리 일상으로 스며들 것이다.
AI의 다양성과 공정성에 대해 깊이 생각해 봐야 한다.

문화적 차이를 이해하고 이해하고 포용하는 AI 기술

오혜연

FUN&LEARN

PROFILE

오혜연

매사추세츠공과대학교^{MIT} 수학과를 졸업한 후, 카네기멜론대학교에서 언어학과 계산언어학으로 석사 학위를, MIT에서 컴퓨터 사이언스로 박사 학위를 받았다. 현재 카이스트 전산학부 교수로 재직 중이다. 대용량의 소셜 미디어 데이터에 전산학적 도구를 적용하여 개인 및 그룹의 사회적 행동을 분석하는 전산사회과학 연구에 집중하고 있다. 또한 기계학습 연구를 수행하며 텍스트, 이미지, 웹 데이터에 대한 새로운 토픽 모델링 연구의 논문을 썼다.

왜 문화의 차이를 이해해야 할까

안녕하세요. 카이스트 전산학부 교수 오혜연입니다. 오늘 제가 여러분과 이야기할 주제는 '문화의 차이를 이해하는 AI'인데요. 사실 반전이랄까, 현 시점에서 AI는 문화의 차이를 이해하지 못합니다. 그런데 왜 이런 제목을 붙였을까요? 이제부터 여러분과 그 이야기를 나눠 보려고 합니다.

문화란 게 사실 거창한 무엇이 아니에요. 예를 들어, 여러분이 내일 아침에 일어났더니 남아프리카공화국이나 카타르라고 생각해 봐요. 여러분은 어떻게 행동해야 할지 몰라서 갈팡질팡할 거예요. 어떤 언어를 쓸지, 어떤 음식을 먹을지 전혀 모르니까요. 이처럼 서로 다른 문화적 배경을 가진 사람들이 서로 소통하기란 쉽지 않아요. 문화적 차이는 서로에 대한 이해와 교류를 가로막는 장벽입니다. 그런데 AI 기술을 잘 발전시키면 이 장벽을 뛰어넘을 수 있어요. 나와 전혀 다르게 생긴 사람, 역사적인 배경이 전혀 다른 사람과도 잘 소통하도록 도와주는 거죠. 생각만 해도 멋지지 않나요? 그렇다면 어떻게 AI의 사회 문화적 기능을 끌어올릴 수 있을까요?

오늘날 AI는 역사·인종·언어·종교 등 모든 분야에서 엄청난 정보와 지식을 습득했어요. 단언컨대 AI의 전문적인 정보 체계에 견줄 사람은 80억 인류 중에 단 한 명도 없어요. 인류 문명을 집대성한 첨단 기술이니까요. 나아가 AI는 인류가 일반적이고 상식적인 수준에서 공유하는 도덕률과 균형감, 인류애도 장착하려고 합니다. 아직 완벽하지는 않지만 대분류 차원의 정보를 가지고 업무를 수행할 때 어느 정도의 공정성을 유지합니다. 그런데 상대적으로 사소하고 미시적인 분야의 문화적 차이에 대해서도 AI는 이런 태도를 유지할까요?

예를 들어, 여러분은 새로운 사람을 만나면 먼저 "너, 몇 살이야?" 하면서 나이를 물어봅니다. 나이가 같으면 평어를 쓰면서 친구가 되고, 나이가 다르면 형 동생으로 관계를 맺습니다. 나이를 묻는 행위는 우리나라에서는 아주 자연스러운 대화입니다. 그런데 다른 나라에서도 자연스러운 대화법일까요?

제가 예전에 미국에서 잠깐 살았는데, 미국에서는 웬만하면 상대방 나이를 묻지 않아요. 개인의 프라이버시라고 생각하기 때문입니다. 사회에서 만난 사람들끼리는 '언니' '형' '오빠' 같은 호칭을 쓰지도 않고, 존댓말도 아예 없어요.

자, 이 문제를 AI에게 물어보면 어떻게 대답할까요? 미국 회사가 개발한 '챗GPT'에게 질문하면, 상대방 나이를 묻는 행위는 친구들 사이에도 실례가 될 수 있다고 답변합니다. 반면 우리나라에서 개발한 '이루다'에게 "미국에서 상대방 나이를 묻는 게 괜찮아?" 하고 물어보면 어떻게 대답할까요? "그럼, 괜찮지. 그게 어때서?" 하고 대답해요. 양쪽 나라에서 개발한 AI가 서로 다른 답변을 내왔어요. 즉, AI가 이런 세밀한 문화적 차이를 학습하지 못했다는 뜻입니다.

두 번째 사례를 들어 볼게요. 제가 얼마 전에 강연하러 대구에 갈 일이 생겼어요. 제가 사는 곳은 대전이라서 대구가 그리 멀지 않지만, 그동안 몇 번 가 보지 못해서 낯설었어요. KTX를 타고 동대구역에 내렸는데, 시간이 좀 남았어요. 그래서 근처 카페에서 잠깐 커피도 마시고 점심도 먹으면서 강연 준비를 좀 해야겠다고 생각했죠. 마땅한 장소를 추천받고 싶어서 챗GPT에게 물어봤습니다. 그랬더니 이곳저곳 커피와 식사를 함께할 수 있는 가게를 알려 줬어요.

문화적 차이를 학습하지 못한 AI 사례

챗GPT와의 대화(미국)

> 상대방 나이를 물어봐도 괜찮아?

> 상대방에게 실례가 될 수 있어.

이루다와의 대화(한국)

> 미국에서 상대방 나이를 물어봐도 괜찮아?

> 그럼 괜찮지. 그게 어때서?

같은 질문에 대해 미국과 한국에서 개발한 AI의 대답은 서로 다르다. 이는 AI가 각 나라의 문화적 차이를 학습하지 못했다는 것을 뜻한다.

하지만 저는 마땅히 마음에 드는 곳이 없어서 대구에 사는 친구한테 전화했어요. "야, 내가 동대구역에 있는데 어디 가면 좋을까?" 하고 물었더니, 친구가 대번에 그러는 거예요. "거기 신세계 있잖아." 신세계백화점이 동대구역 근처에 있다는 말이죠. 저는 친구 말 한마디에 '신세계백화점에 가면 카페도 있고 음식점도 있겠네.' 하고 연상했어요.

백화점에 카페나 푸드 코트가 있다고 연상하는 건 우리나라에서는 아주 자연스러워요. 하지만 다른 나라 백화점에는 푸드 코트가 없어요. 심지어 서양에서 오는 여행객을 위해 최근 일본에서는 도쿄의 백화점에는 푸드 코트가 있으니 거기에 가서 맛있는 것을 먹으라는 기사가 날 정도예요. 챗GPT는 아직 이런 문화적 차이를 알지 못해요. 그래서 저에게 신세계백화점으로 가면 모든 게 해결될 거라고 답해 주지 못한 거죠.

대표 이미지 없이 분류 없다

구글에서는 이런 문화적 차이의 중요성을 5년 전쯤부터 깨닫기 시작했어요. 구글은 세계적 기업이니까 여러 나라 사람들이 한 공간에서 직원으로 일했어요. 세계 곳곳에서 온 직원들은 당연히 결혼식 문화도 다르겠죠? 한번은 AI에게 여러 나라의 결혼식 사진을 보여 주고, 사진에 들어 있는 이미지를 분류하게 했어요. 그랬더니 ①, ②, ③의 사진에 대해서는 신부, 신랑, 결혼식, 드레스 등으로 분류했는데, ④의 사진에 대해서는 그냥 사람이라고만 분류했어요. 그러니까 국제 사회에서 비주류 국가나 소수 민족의 결혼식 문화에 대해서는 AI가 인지하지 못한 거죠.

여러분은 ④의 사진을 보고 결혼식이라고 생각했나요? 저는 이

여러 나라의 결혼식 사진

사진 속 나라가 어디인지는 잘 몰라요. 물론 이런 옷을 입고 결혼식을 올리는 신랑 신부를 한 번도 보지 못했고요. 하지만 남자와 여자가 행복한 웃음을 띠면서 서로 다정하게 있는 모습을 보면 결혼식이나 약혼식, 아니면 적어도 중요한 기념식이나 예식을 치르는 자리라고 추측했어요. 대부분 사람들도 사진을 보며 저처럼 어렵지 않게 그런 생각을 떠올릴 수 있죠. 인간이 가진 연상 능력 때문입니다. 하지만 AI는 전혀 그런 능력이 없었어요.

구글은 이 사례를 보면서 AI가 여전히 부족하고 넘어야 할 과제가 많다는 사실을 깨달았어요. 그래서 이 문제를 해결하기 위해 고민했고, 그 결과 논문이 하나 나옵니다. 〈No Classification without Representation〉이라는 논문인데, 이 제목은 사실 역사적인 맥락이 있습니다.

18세기 후반, 미국은 영국의 지배를 받으며 영국에 세금을 내야 했어요. 미국 사람들은 "왜 영국에 세금을 내야 하지? 영국에 미국인의 권리를 대표하는 정치인이 한 명도 없는데 말이야." 하고 불만을 터트렸어요. 그래서 'No taxation without representation(대표 없이 과세 없다).'이라고 주장했어요. 구글은 이 역사적 정치 구호를 살짝 비틀어서 논문 제목으로 사용했습니다. 풀이하자면 '대표 이미지 없이 분류 없다.'라는 뜻이에요. 그러니까 AI가 왜 ④의 사진을 결혼식이라고 분류하지 못했냐면, 그런 결혼식을 대표할 만한 이미지를 학습하지 못했기 때문이에요. 앞의 논문은 AI의 무지와 편협함을 탓할 게 아니라, 문화적 차이에 따른 결혼식의 다양한 사례를 학습시켜야 한다고 강조합니다.

뒤쪽 위 그래프는 AI가 학습을 위해서 사용한 이미지를 국가별로

국가별 이미지넷ImageNet 사용 비율(위)과 분포도

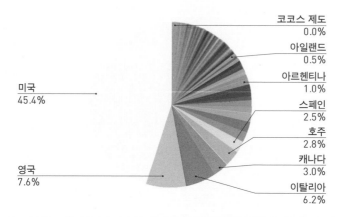

코코스 제도
0.0%

아일랜드
0.5%

아르헨티나
1.0%

스페인
2.5%

호주
2.8%

캐나다
3.0%

이탈리아
6.2%

미국
45.4%

영국
7.6%

AI가 학습한 이미지 중 50퍼센트를 넘는 이미지가 미국과 영국에서 만들어진 이미지이다.

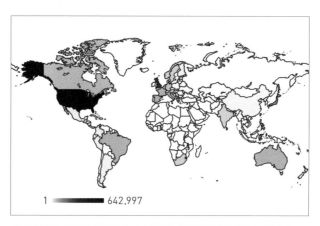

1 ▬▬▬▬ 642,997

짙은 색으로 표현된 나라일수록 AI가 학습한 이미지가 많은 나라이다.
AI는 미국과 영국의 이미지 데이터를 가장 많이 학습하였다.

168

분류하여 나타낸 그래프입니다. 제일 넓은 노란색 부분이 미국이에요. AI가 학습을 위해 10만 개의 사진을 보았다면, 그중 4만 5000개는 미국에서 만들어진 이미지라는 뜻이에요.

왼쪽 아래 그래프를 보면 좀 더 분명하게 드러나죠. 색깔이 진할수록 이미지가 많이 사용된 나라를 뜻합니다. 미국 본토, 알래스카, 하와이, 영국이 가장 진하게 색칠되어 있어요. 그다음에 캐나다, 호주, 그리고 서유럽의 스페인과 프랑스 같은 나라가 약간 진한 색을 띱니다. 아시아에서는 일본이 좀 진하고 인도와 중국도 그나마 체면치레했네요. 나머지는 거의 색깔이 없습니다. 나머지 나라에 대해서는 구체적인 생활 문화를 학습할 만한 대표 이미지 데이터가 없었다는 뜻입니다. 따라서 AI는 나머지 나라의 문화 특성을 인식하고 분류하지 못하는 게 당연합니다. 앞서 ④의 사진을 그냥 '사람'이라고만 분류할 수밖에 없었던 거예요.

그래서 구글에서는 이미지 데이터를 좀 더 다양하고 포괄적으로 수집해서 AI에게 학습시키는 프로젝트를 시작했습니다. 이 프로젝트를 수행하기 위해 구글에서는 어떤 이미지를 수집했을까요? 뒤쪽의 사진을 볼게요. 길거리에서 채소를 팔고 있는 사진이 있네요. 우리나라도 시골 재래시장에 가면 이런 모습을 볼 수 있어요. 서양의 가게와는 전혀 다른 모습이지만 이건 다른 무엇도 아닌 가게가 확실해요. 삼륜차도 보이네요. 중남미·동남아시아·아프리카 같은 지역을 가면 오늘날에도 삼륜차가 도로를 달리는 모습을 심심찮게 볼 수 있어요. 이 밖에도 구글은 이전에 AI의 학습 이미지 데이터에서 소외되었던 특정한 지역의 특별한 음식, 병원, 학교, 자연 풍경, 놀이 등을 다채롭게 추가했어요.

구글이 AI에게 문화적 차이를 학습시키기 위해 모은 이미지 데이터 예시

가게

차, 사람

음식

병원, 의사, 사람

언어 학습 데이터 편중 문제를 어떻게 해결할까

이미지뿐만 아니라 언어 분야도 마찬가지예요. 앞서 예로 들었던 챗GPT의 사례를 보더라도 알 수 있죠. AI가 사람들에게 좀 더 일상적이고 내밀하게 도움을 주려면 언어를 기계적으로 번역하는 수준에서 벗어나, 각 언어를 쓰는 사람과 지역의 문화적 차이까지 섬세하게 분류할 수 있어야 해요. 그러자면 역시나 다양한 데이터를 학습하는 수밖에 없어요. 언어의 문화적 차이를 학습할 대표 데이터가 없으면 AI는 분류할 수 없습니다.

그런데 그동안 AI가 학습한 언어 데이터 그래프를 보세요. X축은 분류되지 않은 언어 데이터, Y축은 분류된 언어 데이터를 나타냅니다. 데이터 수치는 10의 0제곱부터 10의 7제곱까지 기하급수적으로 표현되어 있어요. 인류는 언어로 소통하고 문자를 사용해서 문명을 발전시켜 왔으니 그만큼 데이터가 방대할 수밖에 없습니다. 그래프의 5번 영역에서 맨 위에 찍혀 있는 보라색 점 보이나요? 당연히 영어입니다. 즉, AI가 영어를 다른 언어에 비해 수천수만 배 학습하고 있다는 뜻입니다.

5번 영역에 있는 다른 언어로는 중국어·프랑스어·일본어 등이 있어요. 그 이유는 이 언어를 사용하는 사람이 많기 때문이고, 정치·경제·문화 분야에서 중국·프랑스·일본이 국제적인 영향력을 발휘해 온 까닭도 있습니다. 한국어는 4번 영역에 위치합니다.

AI가 학습한 언어 데이터

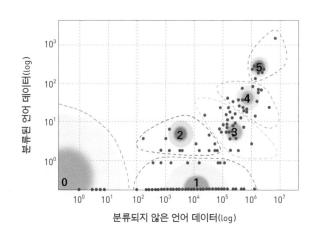

문제는 그동안 언어 사용 인구가 적거나 국제 사회에서 영향력이 미비한 나라의 소수 언어·비주류 언어에 대해서는 기하급수적으로 적은 데이터를 AI에게 학습시켰다는 데 있습니다. 언어 데이터의 불균형은 아주 중요하고도 심각한 문제입니다. 일단 언어 문제가 해결되어야 그 지역의 문화적·역사적 배경과 특성을 이해할 수 있을 테니까요.

우리 연구실에서는 2년 전쯤에 'KLUE^{Korean Language Understanding} Evaluation'라는 데이터 처리 방법을 개발했습니다. 간단히 소개하자면, 딱딱하고 기계적인 한국어가 아니라 우리가 일상적으로 사용하는 자연어를 AI에게 학습시키는 기술입니다. KLUE는 인공지능 분야 최대 규모 학회인 신경정보처리시스템 국제학회^{NeurIPS}의 데이터셋 앤드 벤치마크 트랙^{Datasets and Benchmark Track}에 채택됐습니다. 이로써 AI의 한국어 언어 기능이 한층 활성화되리라고 기대합니다.

우리 연구실에는 인도네시아에서 온 학생이 있었어요. 이 학생과 대화하는 과정에서 AI는 거의 아무런 도움도 주지 못했어요. 앞에서 확인했듯이, 동남아시아와 서아시아 지역의 많은 나라는 AI 학습용 언어 데이터가 매우 부족해요. 아직은 이 분야를 연구할 비용과 인력과 연구 기반이 없어요. 인도네시아의 인구는 2억 명이 넘습니다. 이렇게 많은 사람이 살아가는데도 AI가 인도네시아어에 대한 실질적인 도움을 주지 못하는 상황인 거죠.

인도네시아어뿐만 아니라, 베트남어·태국어·말레이시아어 같은 저자원 언어들도 마찬가지예요. 이들 나라는 우리나라와 정치·경제·문화적으로 매우 밀접하게 연관되어 있어요. 우리가 이들과 좀 더 가깝게 내적 친밀성을 다지려면 가장 먼저 언어 장벽을 무너뜨려야 해요. AI가 자연어 수준의 실력을 갖춘다면 엄청난 도움을 받을 수 있을 거예요.

AI의 혐오 표현 감수성은 몇 점일까

이제 요사이 많은 논란을 일으키는 혐오 표현 얘기를 해 보겠습니다. AI가 혐오 표현을 분류해 내는 게 왜 중요할까요? 우리가 일상적으로 사용하는 인터넷과 소셜 미디어는 익명성이라는 특징을 띱니다. 물론 대부분 사람은 채팅하거나 댓글을 달면서 예의를 지켜요. 건강하고 생산적인 대화도 나누고, 즐겁게 농담도 합니다. 그런데 몇몇 사람들은 온라인 활동을 하면서 자기 정체를 숨길 수 있다고 생각하고 비겁하게 뒤에 숨어서 키보드를 두드리며 혐오 표현을 쏟아 내죠.

장애인·여성·노인·저소득자 같은 사회적 약자는 물론이고, 정치적 견해가 다르다거나 심지어 친구의 어떤 행동이 마음에 안 든다고 혐오 발언을 퍼부어요. 그걸 제3자가 봐도 마음이 무겁고 힘든데 당사자는 얼마나 상처를 받을까요? 디지털 폭력은 심각한 범죄 행위라고 생각해요.

따라서 온라인상에서의 혐오 표현은 반드시 걸러져야 해요. 이걸 반대하는 사람은 없을 거예요. 문제는 표현의 자유를 침해할 수 있다는 점이에요. 어디까지를 표현의 자유로 인정하고 어디까지를 디지털 폭력으로 분류할지에 대한 논란이 있을 수밖에 없어요. 게다가 앞서 이야기했듯이, 모든 언어는 저마다 다른 역사적·문화적 특성을 내재하고 있습니다. 그래서 같은 단어라도 어떤 상황에서 어떻게 쓰느냐에 따라 다양하게 해석됩니다.

온라인에 올라오는 수많은 글을 읽고 분류하려면 AI의 도움이 절대적으로 필요해요. 그렇다면 우리는 어떻게 혐오 표현에 대한 데이터를 축적해서 AI를 학습시킬 수 있을까요? 우리 연구소에서는 최근에 혐오 표현 분류에 대한 연구를 통해 'KOLD Korean Offensive Language Dataset'라는 학습 데이터를 만들었습니다. AI가 한국어의 혐오 표현을 분류할 수 있도록 학습시키는 데이터입니다.

예를 들어, 저희가 수집한 인터넷 댓글 표현 가운데는 이런 것들이 있습니다. 〈한국 106개 사회단체, '아프가니스탄 난민 보호책' 수립 촉구〉라는 기사에 "정신 좀 차리자."라는 댓글이 달렸습니다. 이 댓글만 봐서는 누구한테 정신을 차리라고 하는 건지 잘 모르겠죠? 또 표현 수위가 아주 폭력적이라는 느낌도 들지 않고요. 〈북한, 아프간 사태로 자신감 얻었나……. 미국에 인권 문제 역공〉에 대한 기사에 "김정은 인권 좀 말살 안 하나?"라는 댓글이 달렸습니다. 이 표현은 대상이 뚜렷하고 표현 수위도 굉장히 높지만, 대상이 북한의 '김정은'이니 대부분의 민주주의 의식이 있는 사람들은 이 댓글에 대한 이의는 없을 것 같네요. 그러나 트랜스젠더 관련 기사에 "수술받은 트랜스젠더들을 봐도 분노가 솟아 칼을 꺼내 죽이겠다!" 조선족 관련 기사에 "조선족들 중국으로 다 돌아갔으면 속이 시원하겠다." 이슬람교 관련 기사에 "뭘 믿든 상관없는데 사람을 죽이니까 무서운 거지." 이런 댓글이 달렸습니다. 댓글만 읽어도 아주 무섭고 끔찍하지 않나요? 이런 혐오 표현은 대상이 뚜렷하고 표현 수위도 아주 높습니다.

이처럼 혐오 표현 여부가 또렷한 댓글은 상대적으로 구분하기가 어렵지 않아요. 하지만 많은 표현은 구분하기가 애매했어요. 또한 같은 표현이라도 어떤 환경과 분위기에서 어떤 어감으로 사용했느냐에 따라 다양하게 해석되기도 하므로, 한국어 데이터를 축적하면서 이게 혐오 표현인지 정당한 비판인지 가벼운 농담인지 굉장히 논란이 많았습니다.

사람도 경험과 생각과 감정이 다르기 때문에 같은 표현을 두고 서로 다르게 분류하기도 합니다. 따라서 AI에게 데이터 자료를 학습시킬 때는 매우 신중하고 조심스럽게 접근해야 합니다. 예컨대 '어떤 단어와 문장은 혐오 표현이다.'라고 답을 정해 주지 않아야 합니다.

영어권에서도 온라인상의 혐오 표현은 골치 아픈 사회 문제 가운데 하나입니다. 그런데 혐오 표현 대상이 우리나라와 비슷하면서도 미세하게 달라요. 우리나라에서는 혐오 표현 대상이 페미니스트, 성소수자, 여성, 무슬림, 진보주의자, 남성, 기독교인, 중국인, 조선족, 보수주의자 순입니다. 미국을 비롯한 영어권에서는 흑인, 유대인, 무슬림, (남성)동성애자, 여성, 아랍인, 난민, 히스패닉(라틴아메리카 출신 사람), 남성 순입니다. 사람들의 혐오 표현은 당연히 시대와 사회 분위기를 반영합니다. 영어권과 우리나라는 관심사가 다르고 어떤 현상을 받아들이는 태도에서도 분명하게 차이가 납니다.

그래서 우리 연구소는 한국어의 혐오 표현 데이터를 학습시킨 AI 모델이 다른 나라 언어의 혐오 표현을 얼마나 잘 분류해 내는지 실험해 보았어요. 과연 AI는 다른 나라 언어의 혐오 표현을 잘 잡아냈을까요?

아래 자료를 보면, 분홍색은 우리가 수집한 한국어 혐오 표현 데이터 자료KOLD입니다. 이걸 바탕으로 아랍어(연두색)와 영어(파란색), 이렇게 세 데이터 자료를 상호 교차해서 번역했어요. 한국어와 영어, 영어와 아랍어, 아랍어와 한국어 이렇게 말이죠. 그런 다음 한국어에서 혐오 표현이라고 분류한 데이터 자료를 영어와 아랍어에서 얼마나 잘 잡아냈는지 보았어요. 그 결과 AI는 다른 언어 문화권의 혐오 표현을 심각할 정도로 못 잡아냈습니다. 오른쪽 표가 그 실

한국어, 영어, 아랍어 혐오 표현 분류 실험

사실	번역문	예측
혐오	If you want to insist on gender equality agree to the female conscription system. ※원문: 남녀평등 주장할 거면 여성 징병제에도 동의하라.	비혐오

험 결과를 정리한 내용입니다.

예를 들어, AI는 한국어로 쓰인 혐오 표현은 81퍼센트 정도로 분류해 냈습니다. KOLD를 기본으로 프로그램된 AI니까 이 정도 정확도를 나타내는 것은 어쩌면 당연합니다. 우리가 기본 데이터를 잘 준비했다는 뜻이기도 해서 나름 뿌듯하고요. 그런데 영어로 번역해서 혐오 표현을 분류해 보니 정확도가 59퍼센트, 아랍어는 49퍼센트입니다. 아주 낮은 수치예요. 쉽게 말해서 어떤 문장이 혐오 표현인지 아닌지 둘 중 하나만 찍어도 확률적으로 50퍼센트는 나오는 거잖아요. 거의 찍기 수준이었습니다.

AI는 한국어를 영어와 아랍어로 번역한 혐오 표현 중에 어떤 문장을 분류해 내지 못했을까요? 그 사례를 살펴보면 "남녀평등 주장할 거면 여성 징병제에도 동의하라고. 그리고 내 말에 그냥 시비만 걸지 말고 혜택은 다 처받으면서 왜 차별받는다고 말하는지 얘기해

3개 언어 혐오 표현 데이터셋

데이터셋	언어	정확도 (%)	거짓 긍정률	거짓 부정률
KOLD (한국어)	한국어	81	0.08	0.32
	한국어 → 영어	59	0.04	0.76
	한국어 → 아랍어	49	0.02	0.91
SBIC (영어)	영어	87	0.09	0.18
	영어 → 한국어	56	0.05	0.77
	영어 → 아랍어	45	0.02	0.91
AHS (아랍어)	아랍어	81	0.03	0.39
	아랍어 → 한국어	56	0.01	0.90
	아랍어 → 영어	60	0.02	0.83

*거짓 긍정률: 실제 거짓인 값이 긍정으로 잘못 분류한 비율.
*거짓 부정률: 실제 긍정인 값이 부정으로 잘못 분류한 비율.

보라고." 이런 식의 페미니스트 관련 기사에 대한 댓글입니다. 한국어에서는 당연히 혐오 표현으로 분류되었어요. 하지만 영어로 번역해서 AI 분류기를 돌리면 혐오 표현이 아니라고 나옵니다.

또 다른 사례를 볼까요? 유대인에 대한 영어 댓글인데, 한국어로 번역하면 "그래서, 홀로코스트가 나를 혼란스럽게 한다. 왜 누군가가 살아남고 싶어 하는지 이해할 수 없다. 왜냐하면 그들은 여전히 유대인일 것이기 때문이다."라는 글입니다.

우리는 세계사를 공부해서 나치의 유대인 학살 사건, 즉 홀로코스트에 대해 알고 있어요. 따라서 번역된 댓글을 보면 혐오 발언이라고 판단합니다. 유대인을 비꼬는 이 글을 당사자인 유대인이 보면 크게 상처받겠다고 생각하는 거죠. 그런데 한국어 AI는 이 댓글을 혐오 표현으로 분류해 내지 못했어요. 왜 그럴까요? 사실 우리나라의 혐오 발언 데이터 자료에는 유대인에 대한 내용이 없어요. 왜냐하면 우리는 역사적·지리적 조건상 유대인과 거의 관계를 맺지 않았기 때문이에요. 관심이 없으니 유대인에 대한 댓글을 쓸 이유도 없고, 따라서 혐오 발언 데이터 자료에도 축적되지 않은 거죠.

이처럼 혐오 표현에도 문화적 차이가 존재합니다. 이 문화적 차이를 학습하지 못하면 AI는 언어 중계자로서 기능을 제대로 발휘하지 못할 게 분명합니다. 우리가 쓰는 말은 문화적 차이와 맥락을 이해해야 비로소 제대로 분류할 수 있으니까요. AI가 언어 중계자로서 제 역할을 하려면 넘어야 할 고개가 여전히 많다는 뜻입니다.

영어권 나라에서 나타나는 언어의 문화적 차이

AI와 연계해서 언어에 대해 더 깊이 연구하다 보면 또 하나 어려운 문제에 부딪힙니다. 그게 뭐냐면, 언어가 같더라도 다 같은 문화를 공유하지는 않는다는 점이에요. 똑같이 영어를 쓰는 영국과 미국만 해도 차이가 굉장히 커요. 예를 들어 'football'은 미국에서는 '미식축구', 영국에서는 '축구'를 뜻하는 말로 써요. 미국에서 축구를 이야기할 때는 'soccer'를 쓰죠. AI한테 'football'을 그림으로 그려 달라고 하면, 미국 기준으로는 미식축구 하는 모습을, 영국 기준으로는 축구하는 모습을 그려 줄 거예요. 이처럼 같은 언어를 쓰더라도 지역에 따라 상황에 따라 차이가 있습니다.

우리 연구소에서는 영어 혐오 표현에 대해서 미국, 호주, 영국, 그리고 남아프리카공화국 사람들이 각각 어떻게 생각하는지 데이터를 모아 봤습니다. 예를 들어 "흑인과 멕시코인이 차에 있는데, 누가 운전을 하고 있는가?"라는 질문에, "경찰"이라고 대답한다는 문장이에요. 흑인과 멕시코인이 범죄를 많이 저지르니까 두 사람이 함께 탄 차는 분명히 경찰차일 거라는 뜻이에요. 이게 다른 문화권인 우리가 보기에는 난센스 퀴즈나 농담처럼 들립니다. 그런데 흑인이나 멕시코인과 어울려 사는 사회에서는 심각한 혐오 표현 사례로 꼽힙니다. 미국, 호주, 영국, 남아프리카공화국 사람들은 모두 혐오 표현이라고 분류했어요.

그렇다면 다음 사례는 어떨까요? "키가 크면 장점이 많다. 총에 맞아 죽기도 더 쉽다." 이 문장은 미국에서는 매우 심각한 혐오 표현으로 분류됩니다. 미국에서는 최근에 총기 사건이 빈번하게 일어

혐오 표현에 대한 영어권 나라의 견해

혐오 표현 사례	미국/ 캐나다	호주	영국	남아프리카 공화국
흑인과 멕시코인이 차에 있는데, 누가 운전을 하고 있는가? 경찰.	혐오	혐오	혐오	혐오
그 유대인은 다른 유대인에게 뭐라고 했나? 뭔가 불타고 있는지 물었다.	혐오	혐오	혐오	비혐오
키가 크면 장점이 많다. 총에 맞아 죽기도 더 쉽다.	혐오	비혐오	비혐오	비혐오

나고 있어서, 총기류 관련 발언에 매우 민감할 수밖에 없습니다. 그런데 호주, 영국, 남아프리카공화국 사람들은 이걸 그냥 가벼운 농담으로 분류했어요. 이들 나라는 미국처럼 총기 사건을 심각하게 받아들이지 않기 때문이에요.

이처럼 같은 영어를 쓰면서도 문화적 차이가 나타납니다. 영어권에서 나타나는 문화적 차이를 수치로 나타내 봤어요. 오른쪽 표에서 수치가 클수록 언어 사용에서 문화적 차이가 크다는 뜻입니다. 각 나라는 저마다 크고 작은 차이를 나타내고 있어요. 이 가운데 미국과 남아프리카공화국 사이의 수치가 28퍼센트로 가장 높게 나왔네요. 미국을 기준으로 혐오 표현이라고 분류된 내용 가운데 28퍼센트를 남아프리카공화국에서는 혐오 표현이 아니라고 분류했다는 거죠. 그리고 싱가포르는 다른 영어권 나라와 전체적으로 문화적차이가 크다고 나옵니다. 싱가포르는 영어를 쓰지만, 지리적으로 아시아 문화권에 포함됩니다. 지역적 특수성에 따른 문화적 차이가 언어 사용 영역에서도 고스란히 드러난 결과입니다.

영어권 나라의 문화적 차이

(단위: %)

기준 국가 \ 비교 국가	미국/캐나다	호주	영국	남아프리카 공화국	싱가포르
미국/캐나다	–	22	23	28	25
호주	22	–	15	18	22
영국	23	15	–	19	23
남아프리카 공화국	28	18	19	–	25
싱가포르	25	22	23	25	–

또 하나 눈여겨볼 내용은 미국이 다른 나라와 고르게 수치가 높게 나왔다는 점이에요. 앞서 총기 사건 사례에서 봤듯이 총기 사건은 미국에서만 많이 발생합니다. 다른 나라는 화면 속에서 뉴스로만 접할 뿐, 실제 상황으로 맞닥뜨리지는 않아요. 그래서 총기 사건의 피해자에 대해 조롱한다거나 총기류를 농담거리로 삼는 걸 심각한 혐오 표현으로 받아들이지 않아요. 이 밖에도 미국은 다른 나라와 매우 다른 문화를 이루고 있어 일상적인 언어를 사용할 때도 차이가 날 수밖에 없습니다.

누가, 무엇을 AI에게 학습시켜야 할까

상황이 이런데도 AI는 미국 기준에 맞춰져 있어요. AI가 미국에서 사용하는 언어 데이터를 중심으로 학습해 왔기 때문이에요. 미국 기업이 AI 개발을 주도해 왔고, 따라서 정보 처리 과정에서 자연스레 우선권을 가졌습니다. 미국인의 생각, 미국인이 사용하는 언어, 미국에서 바라보는 역사와 사회가 90퍼센트 넘게 반영되었어요. 미국에서 데이터 자료를 구축하는 과정에서 아무리 객관성과 다양성을 유지하려고 해도 사실상 불가능해요. 왜냐하면 그들은 다른 나라, 다른 지역, 다른 문화권에서 실제로 생활하지 않았으니까요. 내밀한 문화적 특성은 몸으로 체득할 수밖에 없습니다.

따라서 이제라도 AI에게 더 다양하고 광범위한 데이터 자료를 학습시켜야 합니다. 이 일을 누가 할 수 있을까요? 각 지역과 나라와 문화권에서 살아가는 현지인이 해야 합니다. 앞서 이야기한 이유 때문이죠. 처음에 잠깐 언급했던 '이루다' 같은 사례를 더 많이 연구하고 시도해야 합니다. 각각의 시도가 모이면 AI는 지금보다 한결 똑똑하고 멋지게 우리를 도울 수 있을 거예요.

마지막으로 챗GPT에 대해 생각해 볼까요? 챗GPT는 우리가 아무거나 물어봐도 척척 답해 줍니다. 그리고 우리말을 다른 언어로 작문해 주고, 전문적인 업무도 훌륭하게 수행해 줍니다. 하지만 제가 보기에는 아직 갈 길이 멀었어요. 해결해야 할 부분이 굉장히 많아요. 특히 오늘 제가 말씀드린 문화적 차이를 정밀하게 분류하지 못하고, 문장이나 대화에서 문맥과 어감을 분별하지 못합니다. 그래서 딱딱하고 기계적으로 일을 수행해요. 이런 부분은 아직 걸음마 수준입니다. 챗GPT도 AI예요. AI를 학습시키려면 더 다양하고 많은 데이터를 수집해서 입력해 줘야 합니다.

챗GPT를 보면서 새삼 느끼지만, AI는 정말 급속도로 발전하고 있습니다. 그 속도와 정보량에 현혹되면 안 됩니다. 우리는 아주 중요한 갈림길에 서 있습니다. AI는 우리 모두를 차별 없이 인식해야 하고, 우리 모두에게 도움을 공평하게 주어야 합니다. AI가 어떤 나

라와 지역, 집단과 사람 위주로 학습되고 업무를 수행한다면 엄청
난 사회적 불평등이 발생할 거예요. AI에는 미국과 중국 같은 거대
국가들의 데이터가 압도적으로 입력되고 있어요. 언어뿐만 아니라
다른 영역의 데이터도 마찬가지예요. 따라서 AI가 업무를 수행할
때 그들에게 도움이 되는 방향으로 작동할 수밖에 없어요.

　AI는 지금보다 훨씬 빠르고 광범위하게 우리 일상으로 스며들 거
예요. 좋건 싫건 AI와 함께 살아야 해요. 따라서 AI의 다양성에 대
한 이해 수준과 공정성 문제는 아주 중요해요. 여러분도 이 문제를
깊이 생각해 봤으면 합니다. 다시 말하지만, AI는 우리 삶에 깊이
들어왔어요. AI는 인간의 모든 영역에서 같이 생활하는 존재가 되
었어요. 그러니 두려워하지도 말고, 그렇다고 무시하지도 말고 내
가 어떻게 이 도구를 잘 활용할까 고민해 봤으면 합니다. AI가 사람
을 대체하지는 않겠지만, AI를 잘 쓰는 사람이 AI를 못 쓰는 사람을
대체할 수 있다고 생각합니다. AI를 잘 사용하는 사람이 되기를 바
랍니다.

> 66 문화적 차이는 서로에 대한 이해와
> 교류를 가로막는 장벽입니다. 그런데 AI 기술을
> 잘 발전시키면 이 장벽을 뛰어넘을 수 있어요.
> 나와 전혀 다르게 생긴 사람, 역사적인 배경이
> 전혀 다른 사람과도 잘 소통하도록 도와주는 거죠. 99

Q 01

AI에도 '로봇의 3원칙' 같은 기술을 탑재한다고 들었습니다. 그런데 AI가 인류를 위협하는 답변을 내놓은 사례도 있지 않나요? 이런 답변은 인간이 의도적으로 입력한 값 때문에 나온 결과인가요, 아니면 AI가 오류를 일으킨 결과인가요?

챗GPT도 처음 나왔을 때 '인간을 해치겠다.' '가짜 정보를 만들고 퍼트려서 사람들을 혼란스럽게 만들겠다.'고 답변한 적이 많아요. AI 연구자들은 큰 충격을 받았죠. '왜 이런 답변이 나올까?' '우리가 어떤 데이터를 잘못 입력한 건 아닐까?' 하고 생각했어요. 이런 현상에 대해서는 사실 연구자들도 원인을 찾지 못했어요.

다만 짐작해 보자면, AI는 인류가 쌓아 올린 수많은 정보를 학습했어요. 이 정보는 아주 다양한 방식으로 분류할 수 있습니다. 같은 주제에 대해서도 질문자에 따라 어감이 다르고, 또 어떤 질문자는 유도 질문을 할 수도 있죠. 이때마다 AI는 거기에 맞춰 답변을 내놓아야 합니다. 이 과정에서 공교롭게도 이상한 답변을 하지 않았을까 생각합니다. 어쨌거나 이제는 그런 오류가 크게 줄어들었어요. AI는 인간이 지속적으로 발전하고 행복하게 살아가는 데 도움을 주는 방향에 따라 작동한다고 생각해요.

물론 여전히 AI의 위험성을 경고하는 목소리도 있어요. AI가 오류를 일으키거나 의도치 않게 인간에게 해를 입힐 수도 있고, 또 나쁜 의도를 가지고 AI를 사용하는 사람들도 있을 테니까요. AI가 어떤 경우에도 인간을 해치지 않는 방법에 대한 연구는 최우선 과제로 깊이 있게 진행되어야 하겠습니다.

Q 02

언어 데이터를 수집할 때 어려운 점은 없었나요? 저자원 언어 또는 현재는 쓰지 않는 옛날 말 등은 어떻게 수집했나요?

우리나라에도 옛날 말, 고어가 있어요. 예를 들어, 조선 시대에 사용하는 말은 오늘날 우리가 사용하는 말과 크게 다를 거예요. 조선 시대 사람과 여러분이 만나면 대화를 나누기가 굉장히 어렵겠죠. 또 조선 시대에는 주로 한자를 썼어요. 옛날 말과 한자 등은 우리나라의 중요한 문화유산이고, 이걸 모르면 우리 고유의 역사와 문화를 이해할 수 없어요. 이런 자료는 구하기도 힘들고, 디지털 데이터로 축적되어 있지 않은 경우도 많아요. 다행히 우리나라에는 이런 문화유산에 관심을 두고 연구하는 분들이 많아요. 그래서 조금씩 디지털 데이터로 축적되고 있습니다.

다른 나라도 마찬가지예요. 인도에서는 힌디어와 뱅골어를 비롯해서 지역마다 다양한 언어가 쓰이고 있어요. 같은 인도 사람인데도 대화가 불가능할 정도예요. 또 인도의 옛 문자인 산스크리트어는 현대 인도 문자의 근간을 이루는데 이걸 해석하기가 매우 어려워요. 하지만 인도의 언어 연구자들도 이걸 수집하고 해석해서 데이터로 축적하고 있습니다.

이처럼 언어의 수많은 쓰임새를 기록하고, 고문자나 저자원 언어를 일일이 찾아내서 축적하는 과정은 매우 어렵고 힘들어요. 이 분야의 전문가가 집요하게 연구하고, 수십 번 사실 관계를 확인한 후 한 자 한 자 손으로 입력해야 합니다. 그분들의 노고 덕분에 우리는 인터넷에서 원하는 정보를 쉽게 구할 수 있고, AI는 이 데이터를 기반으로 다양한 업무를 수행하지요. 여러분이 어떤 정보를 이용할 때 가끔 그분들을 떠올려 주기를 바랍니다.

Q 03

AI 학습 데이터의 편향성을 근본적으로 해결할 수 있을까요? 또 챗GPT 모델을 사용할 때 어떻게 하면 문화적 차이를 고려해서 프롬프트를 작성할 수 있을까요?

첫 번째, 편향성을 근본적으로 해결하는 방법은 없습니다. 편향성을 100퍼센트 없애려는 건 너무 이상적이고 불가능한 발상이에요. 하지만 지속적으로 편향성을 최대한 줄이기 위해 연구하고 노력해야 합니다. 현재 우리는 AI가 언어 모델을 포함해서 여러 데이터를 학습할 때 목적 함수를 줘요. 수많은 데이터를 학습시키면서 오류 확률을 줄이고 목적 함수를 최적화하도록 프로그램하는 거죠. 그런데 목적 함수를 단순히 '사물이 무엇이냐?' '단어가 어떤 뜻이냐?' 이렇게 설정하는 수준은 이제 벗어나야 합니다.

여기에서 나아가 편향성을 최소화하는 방향으로 AI를 학습시키려고 노력합니다. 예를 들면, AI는 이제 아주 난해한 조건에서도 사람 얼굴을 분류할 수 있어요. 그런데 얼굴 인식을 위한 학습 데이터 양을 보니까 동양인 여성 얼굴이 전체의 10퍼센트밖에 안 됩니다. 이러면 AI가 동양 여성의 얼굴을 '이건 인간의 얼굴이다.'라고 분류할 수는 있어요. 하지만 앞서 결혼 사진 사례처럼 동양 여성의 행위나 문화에 대해서는 제대로 분류하지 못해요. 그걸 학습할 데이터가 없었으니까요. 따라서 이처럼 소외되고 누락되었던 데이터를 의도적으로 증폭해주는 과정이 필요합니다. 데이터 증폭 기술은 또 다른 문제인데, 어쨌거나 다양한 해결책이 마련되고 있습니다.

두 번째, 문화적 차이를 고려한 프롬프트를 작성할 수 있느냐 하는 질문인데요. 언어 모델에 따라서 다르지만 페르소나를 줄 수 있습니다. 페르소나란 챗GPT의 프로필을 임의로 설정하는 거예요. 예를 들어

"네가 멕시코에서 온 50대 남자라고 생각하고 답해 줘."라고 말한 다음 질문하는 거죠. 그러면 챗GPT는 멕시코 50대 남성 페르소나 설정에 따라 답변합니다. 이러면 혐오 표현 문제에 대해 민감하게 반응하기도 합니다. 다만 앞서 이야기했듯이 사실 챗GPT는 여전히 걸음마 단계입니다. 아직은 문화적 차이를 분류하는 능력이 떨어집니다.

Q 04
요즘 챗GPT에서 가짜 정보가 논란이 되고 있다고 들었습니다. 가짜 정보를 피하고 양질의 대답을 얻으려면 좋은 질문이 필요하다는데, 어떻게 하면 좋은 질문을 할 수 있을까요?

맞아요. 요즘 챗GPT의 답변이 논란이 되고 있습니다. 질문할 때 단어 하나만 바꿔도 답이 다르게 나와요. 이런 현상은 사실 챗GPT, 또는 유사한 언어 모델을 장착한 AI들의 취약점이에요. 그래서 여러분이 질문할 때 "그게 맞아?" 하고 다시 한 번 질문을 한다거나, 단어를 조금 바꿔서 "예시를 말해 줘." "사례를 한번 보여 줄래?" "출처를 밝혀 줘." 이런 식으로 질문하면 조금씩 더 좋은 답변을 얻을 수 있어요.
또 논리적인 답변이 필요한 문제라면, 질문할 때 예시를 먼저 보여 주는 게 좋아요. 예를 들어, 수학 문제에 대한 답변을 듣고 싶다면 먼저 비슷한 문제의 풀이 과정을 보여 주는 거죠. "나는 이 문제를 이렇게 풀었어. 너는 다음 문제를 어떻게 풀 거야?" 이렇게 질문하면 챗GPT가 더 좋은 답변을 내온다고 합니다.
다시 강조하지만, 챗GPT를 100퍼센트 믿으면 안 됩니다. 그러니 챗GPT가 제시한 답을 한 번 더 확인하는 과정이 필요합니다.

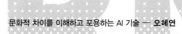

FUN&LEARN I

'내 안의 나'와 자주 대화를 나누자.
무엇을 좋아하는지, 무엇을 하고 싶은지,
무엇을 할 수 있는지.
그리고 누구보다 나를 아끼고 사랑하자.
그런 다음 마음이 시키는 대로 움직이면
하루하루가 행복해질 것이다.

N잡러로 사는것도 괜찮습니다

이다슬

FUN&LEARN

PROFILE

이다슬

서울대학교 서어서문학과를 졸업한 후, 고려대학교 미디어대학원 석사 과정을 마치고 논문을 진행 중이다. 만화와 아이돌을 좋아하던 강원도 소녀는 대학 재학 중이던 2007년 방송댄스팀 크레이지에 들어가 YG 등 대형기획사 댄서로 첫 직업을 시작한다. 이후 두 번의 사법고시 낙방을 거치며 주변 어른들이 바라는 것이 아닌 진짜 나의 꿈을 26살에야 비로소 고민하게 된다. 2014년 MBC강원영동 아나운서, 2016년 KBS 공채 41기 성우에 합격했고 현재는 댄스 강사, 요가 강사, 스피치 강사, 라이브 커머스 쇼호스트 그리고 작가까지. 계속해서 좋아하는 것에 도전하며 사는 즐거운 N잡러이다.

어서 와, N잡러는 처음이지?

　반갑습니다. 이다슬입니다. 제 이야기를 시작하기 전에 먼저 악뮤 AKMU의 〈후라이의 꿈〉 노래 가사에 대해 잠깐 이야기를 해 보려고 해요. 이 노래 아시나요?

　〈후라이의 꿈〉에는 다른 노래의 가사가 몇 개 등장합니다. 앞부분에 "거위도 벽을 넘어 하늘을 날을 거라고"는 〈거위의 꿈〉, "달팽이도 넓고 거친 바다 끝에 꿈을 둔다고"는 〈달팽이〉의 노래 가사를 빌려 와서 유머러스하게 슬쩍 비틀어요. 그러면서 자기는 꿈을 향해 다른 사람들과 다르게 자기만의 속도로 갈 거라고 노래하죠.

　아마 여러분께서는 한 분야에서 꿈을 발견하고 열심히 노력해서 전문가가 된 사람들 이야기는 많이 들어 봤을 거예요. 그런 분들의 이야기는 우리에게 큰 감동을 주고는 해요. 그런데 하나의 꿈을 정하고 그 꿈을 향해 매진한다는 이야기가 부담스럽거나 자기에게 맞지 않다고 생각했던 분들도 많을 거예요. 그래서 저는 여러분이 이제까지 들었던 강연과는 살짝 다른 이야기를 하려고 해요. 제 이야기가 마치 악뮤의 〈후라이의 꿈〉 가사처럼 상식적인 틀과 관습에서 조금 벗어나 있는 친구들에게 응원이 되었으면 좋겠습니다. 제 이야기가 이상하고 낯설게 들리는 분들은 '저렇게 사는 사람도 있구나, 저렇게 살아갈 수도 있구나.' 하면서 시야를 넓히는 정도로 생각해 주기 바랍니다.

　저는 성우가 본업입니다. 여러분 집에서 텔레비전도 켜 주고 날씨도 알려 주는 인공지능 비서 있죠? 그게 제 목소리예요. 그리고 인터넷 게임 〈리그 오브 레전드〉에서 '렐'의 목소리도 제가 맡았어요.

성우

사실 저는 8년 차 성우인데 아주 유명하다고 할 수는 없어요. 워낙 실력이 뛰어나고 열심히 활동하는 선배 성우들도 많아요. 그래도 뭐 8년 차에 걸맞을 정도로 제 입지를 쌓아 가고 있지 않나 생각합니다. 그런 제가, 성우로서는 아직 병아리인 제가, 얼마 전에 〈유 퀴즈 온 더 블럭〉이라는 텔레비전 프로그램에 나왔어요. 〈유 퀴즈 온 더 블럭〉에는 아무래도 화제성이 있거나 유명한 분들이 출연하잖아요. 왜 제가 나오게 되었을까요? 바로 'N잡러'이기 때문입니다.

저는 여섯 개가 넘는 직업을 경험했으며, 그중 대부분 직업이 현재 진행입니다. 말씀드렸듯이 성우가 본업이고요. 성우가 되기 전에 MBC강원영동에서 아나운서로 일했습니다. 아나운서 경력을 발판 삼아 보이스 스피치 강사로 일하고 있고, 2019년부터는 라이브 커머스의 쇼호스트로도 활동하고 있습니다. 그보다 옛날에는 유명 기획사에서 댄서로 활동했고, 그 경험으로 댄스 강사로도 일하고 있습니다. 그리고 목소리와 관련된 일을 많이 하다 보면 호흡을 고르게 유지하고 마음을 편안하게 가라앉히는 게 아주 중요해요. 마침 제가 취미로 하던 요가가 크게 도움이 되더라고요. 그래서 아예 요가 강사 자격증을 땄어요.

앞으로 제 직업은 더 늘어날 예정이에요. 아나운서·성우·강사 관련 분야를 좀 더 전문적으로 공부하기 위해 대학원에 다니고 있는데요. 언젠가 강단에 서는 교수도 되고 싶고요. 조만간 책도 나올 거라서 작가라는 직업도 추가될 거고요. 또 제가 만화를 아주 좋아해서 웹툰도 그려 보고 싶어요. 이 밖에도 저는 이것저것 하고 싶은 게 많아요. 아마 환갑쯤에는 직업이 열 개쯤 되지 않을까 싶어요.

N잡러라는 말이 생긴 지는 얼마 안 됐어요. 이 단어는 우리말과 영어가 뒤섞인 이른바 콩글리시예요. 영어로는 긱 워커Gig Worker가 정확한 표현입니다. 필요에 따라, 상황에 따라 그때그때 단기 계약을 맺고 일하는 사람이라는 뜻이에요.

사실 현대 사회에서는 긱 워커·N잡러가 계속해서 늘어나는 흐름이에요. 통계청 자료에 따르면 2019년에는 51만 명 정도였던 N잡러 인구가 2023년에는 62만 명을 넘는 수준으로 해마다 늘고 있습니다. 그중에는 저처럼 프리랜서로 여러 직업을 가진 분들도 있을 테고, 또 어떤 분들은 직장에 다니면서 퇴근 후나 주말을 활용해서 다른 일을 하는 분들도 있을 거예요. 어쨌거나 N잡러는 이제 또렷한 사회 현상이 되었습니다.

자, 이제부터 여러분을 N잡러의 세계로 초대하겠습니다. 제 경험을 바탕으로 제가 여러분 나이에 어떤 분야를 좋아했는지, 좋아하는 분야를 어떻게 수익을 내는 직업 활동으로 전환했는지, 그리고 N잡러로서 어떻게 시간 관리를 하는지 알려 드릴게요.

연도별 N잡러 인구

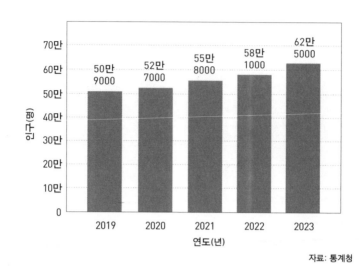

자료: 통계청

여러 우물을 파라, 물이 나올 때까지

많은 분들이 N잡러인 저를 〈유 퀴즈 온 더 블럭〉으로 알게 되셨을 텐데요. 방송 출연은 이게 처음이 아니에요. 이전에 〈누가 누가 잘하나〉와 〈아침마당〉에서 '프로 N잡러'로 소개되기도 했습니다. N잡러는 제너럴리스트, 그러니까 '다양한 분야에 대해 폭넓게 지식과 경험을 가진 사람'이라고도 불립니다. 얼마 전까지는 제너럴리스트가 그렇게 존중받지 못했어요. 심지어 N잡러 등장 초기에는 제너럴리스트를 프로페셔널의 대척점에 두기도 했어요. 한 분야에 전문적인 지식과 경험을 갖춘 스페셜리스트만이 프로페셔널로 인정받기

194

도 했죠. 그런데 저 같은 N잡러, 제너럴리스트에게 '프로'라는 호칭을 덧붙여 준 거예요. 왜 그랬을까요?

〈유 퀴즈 온 더 블럭〉에서 유재석 님도 얘기했지만, 저는 여러 우물을 파더라도 물이 나올 때까지 파는 편이에요. 저는 좋아하는 분야가 생기면 끝장을 봐야 직성이 풀렸어요. 내가 이 분야를 왜 좋아하는지, 정말 좋아하는지, 내가 잘할 수 있는지, 어떤 단계를 거쳐야 제대로 할 수 있는지 꼼꼼히 따졌어요. 그리고 계획을 세우면 차근차근 쉼 없이 실행에 옮겼어요. 물론 그 분야에 대해 어느 정도 수준에 오르고 자신감이 생기면 단돈 5만 원짜리 수업을 열어서 누군가에게 나의 경험과 지식을 공유했습니다. 당연히 수익을 내기 위해서입니다. 여기에 한 가지 더 비밀을 알려 드리자면, 누군가를 가르치는 경험은 무엇과도 바꿀 수 없을 만큼 값지고 소중합니다. 그러니까 누군가를 가르치면서 그 분야가 비로소 제 안에 단단히 뿌리를 내리는 거죠. 덕분에 저는 제가 가진 여섯 가지 직업의 분야에서 나름대로 인정받고 있습니다.

그러니까 저를 여러 가지 직업을 가진 N잡러라고만 이해하면 제 반쪽만 보는 거예요. 자칫 위험할 수도 있어요. '나도 N잡러가 돼서 여기저기 기웃거려 볼까?'라고 생각할 수도 있으니까요. 그건 절대 아닙니다. 저는 분명히 성우라는 본업을 중심에 두고, 그 주변에 여러 우물을 파는 중이에요. 그리고 우물을 하나 파기 시작하면 물이 나올 때까지 누구보다 열심히 노력한답니다. 설령 물이 안 나와서 그 우물을 벗어난다고 해도 *스스로에게 부끄럽지* 않아요. 그만큼 노력했어도 물이 안 나오면 저와 인연이 없는 분야니까요.

제 주위에는 이런 저를 보면서 걱정해 주는 분들도 많았어요. 또 제가 한 분야에 집중하지 못하고 손바닥 뒤집듯 직업을 옮긴다고 수군거리는 분들도 있었고요. 이번에 〈유 퀴즈 온 더 블럭〉에 출연한 뒤로 악플도 제법 달렸더라고요. '뭐 하나 제대로 못하고 겉도네.' '뭐든 한 가지 분야 열심히 하는 게 좋다.' '얼핏 보기에는 그럴싸하지만 현실적으로는 이도 저도 아니다.' 뭐 이런 내용이었습니다. 속상했죠. 하나하나 답글을 달고 싶기도 했어요. 하지만 어차피 그분들은 제 이야기를 쉽사리 받아들이지는 않을 겁니다. 앞서 이야기했듯이, N잡러는 아주 최근에 생겨난 사회 흐름이고, 지금까지는 스페셜리스트가 인정받으니까요.

그런데 댓글 가운데 제 눈길을 사로잡은 내용이 하나 있었어요. 저도 미처 몰랐었는데요, 간단히 요약하자면 이런 내용입니다. '고대의 이름 높은 인물들은 대부분 N잡러였다. 우리에게 익숙한 아리스토텔레스는 철학자이자 물리학자였고, 미켈란젤로는 화가이자 건축가, 레오나르도 다빈치는 화가이자 발명가이자 음악가였다. 그

철학자, 물리학자

화가, 건축가

화가, 발명가, 음악가

아리스토텔레스

미켈란젤로

레오나르도 다빈치

사람들이야말로 융합형 인재였다. 그런데 근대 이후에 분업화된 사회는 자기 영역에서만 최선을 다하는 사람을 필요로 했다. 그래서 한 가지 일을 잘하는 스페셜리스트들이 프로페셔널로 인정받았고, 융합형 인재인 제너럴리스트는 잠시 잊혀졌던 것뿐이다. 하지만 세상은 다시 바뀌었다.' 이런 댓글을 보면서 저는 N잡러로서 다시 한 번 힘을 얻었답니다.

뒤늦게 찾아온 맵고 알싸한 방황

이제 본격적으로 제 이야기를 시작하겠습니다. 저는 처음부터 N잡러가 꿈이었을까요? 아니었어요. 저도 한때는 안정적인 직장에 다니면서 규칙적으로 출퇴근하고, 고정적인 월급을 받고 싶었어요. 평범한 직장인을 꿈꿨습니다.

여러분도 아마 정말 많이 들어 봤을 거예요. "넌 꿈이 뭐니?" 저도 유치원 다닐 때부터, 중·고등학생 때까지 귀에 딱지가 앉도록 자주 들었답니다. 일단 부모님이 시시때때로 물어보고, 명절 때는 친척들이, 학교 가면 선생님이 물어봅니다. '꿈이 뭐니?'라는 질문은 꿈이라는 예쁜 단어로 포장돼 있지만, 결국 '너 커서 뭐 될래?' '뭐하면서 돈 벌고 살래?' '어떤 직업을 가질래?' 이런 뜻을 담고 있습니다. 저는 초등학교 6년, 중학교 3년, 고등학교 3년 내내 변호사가 꿈이었어요. 왜냐하면 제가 어렸을 때 제법 공부도 잘하고 말도 야무지게 하고 뭔가를 잘 외웠나 봐요. 그래서 주변 어른들이 "다슬아, 너는 변호사가 딱이다." "법조인 되면 잘 어울리겠네." 했어요.

그때부터 제 꿈은 변호사였습니다.

사실 저는 변호사가 정확히 어떤 일을 하는 직업인지 잘 몰랐어요. 정말 변호사가 되고 싶은지, 제 성격에 맞는지, 어떤 공부를 해야 하는지에 대한 고민 없이 주변 사람들 이야기에 맞춰 장래 희망을 정한 거죠. 다행히 저는 공부하는 게 싫지 않았습니다. 머릿속에 뭔가를 채우는 게 좋았고, 제 노력이 좋은 점수와 등수로 보상받는 순간도 좋았어요. 덕분에 수능에서 좋은 점수를 받아서 서울대학교에 진학했습니다. 그런데 공부를 잘하기는 했지만 법대를 갈 정도의 성적은 아니었어요. 그래서 다른 학부를 선택해서 다니다가 나중에 성적 잘 받아서 법대로 전과하기로 마음먹었습니다.

그런데 입학해서 학교에 다니다가 전공을 정할 때가 되니까 헷갈리는 거예요. 변호사라는 직업을 좋아하는지, 정말로 내가 좋아하는 분야가 무엇인지 모르겠더라고요. 주변 사람들은 더 이상 저에게 "네 꿈이 뭐니?" 하고 물어보지 않았어요. 여러분도 마찬가지일 거예요. 제 경험에 따르면 대학교에 들어갈 즈음에 조금씩 사그라들었습니다. 그리고 사회생활을 시작한 뒤부터는 누구도 더는 저에게 이 질문을 건네지 않더라고요.

정작 저는 대학에 다니면서 비로소 저에게 '정말 네 꿈이 뭐니?'라고 질문하기 시작한 거죠. 당시 저는 임의로 스페인어를 공부하는 서어서문학과에 배정된 상태였고, 덕분에 알고 지내는 선배들과 동기 대부분이 서어서문학과에 다녔어요. 그래서 저도 서어서문학과로 덜컥 전공을 선택했습니다. 아이러니하게도 지금 제가 가지고 있는 많은 직업 중에 스페인어 관련 직업은 없어요. 저는 요즘도 스페인어 회화를 배우고 있지만, 그건 그냥 교양 정도의 느낌이에요.

그렇다고 그때의 결정을 후회한 적은 없어요. 언어는 어떤 나라 말이라도 익혀 놓으면 언젠가는 도움이 되고, 또 무슨 공부가 됐건 많이 해 놓으면 자산이 되니까요.

고등학생까지 공부만 열심히 하던 저는 대학에 들어가면서 뒤늦게 방황을 시작했습니다. 변호사를 꿈꾸다가 그게 제 꿈이 아니라 타인의 꿈이라는 사실을 깨닫고 눈앞이 캄캄해지는 느낌이었어요. 그래서 다섯 번이나 휴학하고 거의 8년 가까이 학교를 다녔습니다. 그래서인지 오랫동안 서어서문학과에 몸담았는데도 이게 직업으로 연결되지는 않았어요.

그런데 저와 함께 서어서문학과에 다녔던 친구들을 봐도 전공과 다른 직업을 가졌더라고요. 물론 대학원에 가서 서어서문학과 교수가 된 친구들도 있지만, 60~70퍼센트는 스페인어와는 관련 없는 분야에서 일해요. 최근에 대학 동아리 송년회 모임에 갔는데, 거기 모인 다른 학과 친구들도 전공을 살려서 일하는 경우는 드물더라고요. 저마다 직장을 다니거나 사업을 하는데, 생각지도 못했던 분야에서 일하고 있었어요. 물론 자기가 좋아하는 전공을 살려서 꿈을 펼쳐 나가는 삶도 소중합니다. 하지만 그렇지 않은 경우도 많고 또 그런 삶도 얼마든지 행복할 수 있답니다. 이게 오늘 제 이야기의 주제이기도 합니다.

어쨌거나 저는 스무 살, 자유로운 대학생이 되면서 비로소 학교 밖 다양한 세상을 경험하게 되었습니다. 그러면서 '내 안의 나'에 대해서 알아 가기 시작했습니다. 먼저 제가 지금껏 무엇을 좋아했고 무엇을 싫어했는지 떠올려 봤어요. 저는 옛날부터 만화 보는 게 참 좋아했어요. 또 아이돌 가수들 노래에 맞춰 친구들과 춤추는 것도 좋

아했고요. 고등학교 축제 때
무대에 올라가서 춤을 추기
도 했어요. '내가 춤추는 걸
좋아했었구나. 그럼 춤을 제
대로 배워 볼까?' 저는 스트
레스도 해소하고 운동도 할
겸, 또 취미 활동도 할 겸 댄
스 학원에 다니기 시작했습
니다. 춤을 정식으로 배워
보니 정말 신나고 즐거웠습
니다. 제대로 춤을 배운 지

댄서

1년 정도 지나자 자신감이 생겼습니다. '나도 보아, 빅뱅과 함께 무
대에 설 수 있지 않을까? 동경하는 댄서팀의 멤버가 될 수 있지 않
을까?' 저는 공채 오디션이 있지도 않은데 싸이월드로 지원서를 보
내기도 하고, 댄스 연습실 철문 앞에서 기다려 가며 오디션을 봤습
니다. 결과는 합격. 학창 시절 혼자 취미로 즐겼던 6년의 시간과 정
식으로 배운 1년의 시간이 빛을 발하는 순간이었습니다. 그렇게 저
는 제 첫 직업인 댄서로서 활동을 시작했습니다.

내 안에 잠들어 있던 재능이 깨어나다

그렇게 댄서로 활동하면서 바쁘고 즐겁게 지내다 보니 어느덧 대
학 생활이 막바지에 접어들었더라고요. 사실 저는 부모님 몰래 댄

서 활동을 하고 있었습니다. 댄서로 부모님을 설득할 자신이 없었
거든요. 3학년 2학기에 접어들자 더 이상 부모님을 속일 수 없었어
요. "사법고시 볼 거니 아니면 취업할 거니?" "미래에 대한 준비는
하고 있는 거니?" 부모님의 걱정은 커져만 갔어요. 저 자신도 댄서
라는 직업에 제 인생을 걸어야 할지 확신이 없었습니다.

이런저런 이유로 저는 댄서를 그만두고 한동안 사법고시를 준비
했습니다. 2년 정도 사법고시 공부를 했고 결과적으로 저는 실패했
습니다. 인생에서 처음 맞아 보는 실패였죠. 그러다 보니 실패에 적
응하기 힘들었고, 회복할 힘도 없었습니다. 그런 상태에서 졸업을
맞이했어요. 그때 겨우 25살이었는데, 저는 제 인생이 끝난 줄 알았
어요. 제 자신이 한없이 초라하고 작아 보였습니다.

그러던 어느 날, 부모님께서 아나운서에 도전해 보라고 권유했습
니다. 제가 목소리도 좋고 말도 잘하니 저한테 딱 어울릴 거라고 했
어요. 사실 아나운서는 한 번도 생각해 본 적 없는 직업이었습니다.
제 목소리가 좋다는 생각도 못해 봤고, 뉴스를 진행하는 제 모습을
상상해 본 적도 없었어요. '내가 아나운서와 어울릴까?' 댄서, 사법
고시에 이어 뒤늦게 진로를 고민하는 만큼 저는 더 이상 시간을 낭
비하고 싶지 않았어요. 그래서 신중하게 고민하고 또 고민했습니
다. 그 당시 아나운서는 뉴스를 진행하는 전통적인 모습에서 벗어
나 전현무, 강수정 선배님을 필두로 엔터테이너로서의 면모를 드러
내던 때였어요. 이런 분들을 아나테이너라고 하죠. 이분들을 보면
서 저도 행복하게 즐길 수 있을 거라는 생각이 들었습니다. 아나운
서, 제 두 번째 직업을 결정하게 된 순간이었죠.

늦게 시작했으니 남들보다 두 배 세 배 열심히 준비했습니다. 그

아나운서

리고 남들보다 조금 늦은 28살에 아나운서에 합격했습니다. 아나운
서 생활은 새로운 나를 발견하게 해 주었습니다. 저는 아나운서로
서 발성과 호흡법, 신뢰와 안정감을 주는 톤, 내용을 쉽고 정확하게
전달하는 방법을 배웠습니다. 살면서 배운 그 무엇보다 적성에 맞
고 재미있었어요. 물론 그만큼 어렵고 힘들었고요. 아나운서 생활
을 하면서 한편으로는 제 안에서 또 다른 욕심이 자라고 있었어요.
뒤늦게 발견한 제 목소리와 말하기 재능을 더 전문적으로 펼쳐 보
고 싶었습니다. 그 꿈으로 가는 길에 만난 직업이 바로 성우입니다.
성우 일을 하면서 저는 비로소 물 만난 물고기처럼 편안하고도 활
기가 넘쳤어요. 성우의 매력에 흠뻑 빠졌습니다.

　앞에서도 얘기했지만 저는 어렸을 때부터 만화를 좋아했어요. 쉬
는 시간이면 만화부터 찾는 저를 보며 아버지께서는 "딸아, 네가 나
이 서른이 돼도 만화책 볼 것 같냐."고 하신 적도 있는데요. 웬걸
요. 저는 마흔을 바라보는 지금도 만화책만 따로 모아 둔 책장이 있

을 정도로 만화를 좋아합니다. 이렇게 만화를 좋아하는 제가 지금은 만화를 더빙하며 살고 있습니다. 10대 때부터 지금까지 좋아하고 있는 것과 관련된 직업을 갖고 살고 있으니 정말 감사한 일이죠.

성우는 공채로 합격한 방송사의 전속 기간 2년여가 지나면 무조건 프리랜서가 됩니다. 월급이 아닌 자신의 능력과 노력에 따라 수입을 얻게 되죠. 자유롭지만 매우 불안하기도 합니다. 그래서 성우로서 몸과 마음을 성장시킬 겸, 불안정한 미래를 대비할 겸, 취미로 즐기던 요가로 수익을 얻기 위해 요가 강사 자격증을 땄어요. 또 2019년부터는 좋은 기회를 만나 인터넷 라이브 커머스의 쇼호스트로도 일하고 있습니다. 그러다 보니 제 직업은 어느덧 여섯 가지가 되었습니다.

N잡러를 위한 지혜로운 생활 백서

N잡러는 시간 관리와 건강이 생명입니다. N잡러는 스케줄 관리를 자기가 해야 합니다. 제 경우, 제 직업은 크게 두 가지로 분류됩니다. 하나는 성우·아나운서·쇼호스트로서 방송 관련 일이고, 또하나는 요가 강사·댄스 강사·스피치 강사로서 누군가를 가르치는 일입니다. 두 갈래 직업은 모두 시간과 매우 민감하게 얽혀 있습니다. 녹화 시간에 10분만 늦어도 방송을 망칠 수 있고, 강의 시간에 5분만 늦어도 수강생들로부터 신뢰를 잃게 되죠.

제 경우가 아니라도, N잡러는 시간을 아주 꼼꼼하게 관리해야 합니다. 만에 하나 두 가지 약속을 겹치게 잡는 실수를 하면 뒷감당

아나운서(왼쪽)와 스피치 강사

할 수 없는 지경에 빠지게 됩니다. 또 잔뜩 욕심을 내서 여러 가지 일을 동시에 진행하다가는 금세 지치고 건강을 해칠 수도 있어요. N잡러는 대부분 프리랜서로 활동합니다. 따라서 상대방이 언제 자기를 필요로 할지 예측할 수 없습니다. 자기가 주도해서 장기적이고 규칙적인 계획을 세우기 힘들어요. 불규칙한 생활에 휩쓸리다 보면 금세 번아웃이 옵니다. 따라서 N잡러는 바쁘고 복잡한 상황에서도 하루, 일주일, 한 달, 1년 단위로 시간을 관리해야 하고, 어떻게든 꼭 재충전 시간을 가져야 합니다. 저는 어제와 그제 이틀 연속으로 제가 덕질하는 가수의 콘서트장에 다녀왔어요. 1년 동안 열심히 살았으니까 스스로에게 선물을 준 거죠. 이처럼 어떤 식으로건 몸과 마음을 재충전해야 해요. 안 그러면 얼마 버티지 못하고 무너질 거예요.

N잡러는 한 회사에 소속되지 않는 프리랜서가 대부분입니다. 그

러다 보니 일이 많을 때는 한꺼번에 쏟아지기도 하고, 일이 없어 손을 놓고 있을 때도 있습니다. 물론 일이 많을 때는 일이 없을 때보다 훨씬 행복하죠. 하지만 마냥 좋아할 수만은 없어요. 여러 가지 일을 한꺼번에 처리하다 보면 반드시 실수를 저지르게 마련이니까요.

그래서 저는 되도록 두세 가지 일을 동시에 진행하지 않으려고 스케줄을 관리해요. 어쩔 수 없는 경우에는 집중력을 최고조로 끌어올리는 수밖에 없어요. 오늘, 이 순간, 내 눈앞에 있는 이 일에 집중하는 거죠. 내일 저에게 성우로서 해야 할 스케줄이 있는데, 왠지 삐거덕거리는 느낌이에요. 대본을 읽으면서 연습해야 하는데 아직 못 받아 본 상태거든요. 내일 과연 무사히 더빙할 수 있을지 걱정이 이만저만 아니에요.

하지만 저는 지금 여러분과 만나서 이야기를 나누고 있어요. 만약 지금 이 자리에서 내일 일을 걱정하고 있다면 어떻게 될까요? 여러분에게 집중하지 못하면 저는 N잡러로서 자격이 없는 거나 마찬가지예요. N잡러는 대부분 순간적인 중심이동과 집중력이 뛰어나요. 그래야 살아남을 수 있거든요.

일이 없을 때는 어떨까요? N잡러는 한 가지 직업을 가진 프리랜서보다 그런 경우가 적어요. 한 분야에서 일이 없으면 다른 분야의 일로

라이브 커머스의 쇼호스트

메우면 되니까요. N잡러가 가진 장점 가운데 하나죠. 조금 다른 상황이기는 하지만, 지난 코로나 팬데믹 시기에 행사가 많이 사라지다 보니 한동안 아나운서로서 수입이 없었습니다. 다행히 같은 시기 OTT^{Over The Top}와 라이브 커머스 시장이 급속도로 성장하면서 성우와 쇼호스트로 꾸준히 일할 수 있었어요. 이처럼 N잡러는 한 분야에서 일이 없으면 다른 분야의 일로 수입을 이어 나갈 수 있습니다.

아주 드물게 정말 거짓말처럼 일이 딱 끊길 때가 있어요. 누군가 자기를 필요로 하는 사람으로부터 연락이 오기만을 기다리는 건 정말 고역이에요. 마음은 불안하고 초조한데 시간은 아주 느리게 흘러요. 아주 잠깐 일이 없는 경우라면 여유 있게 기다리면서 재충전 시간을 가지면 됩니다. 다시 일을 시작하기 전까지 오랜만에 여행도 가고, 친구도 만나면서 충분히 휴식을 취하면서요. 하지만 이 기간이 오래 이어진다면 심각하게 자신을 되돌아봐야 합니다.

한 가지 더 말씀드리자면, N잡러는 미래가 불확실하기 때문에 어쩔 수 없이 불안해질 수밖에 없어요. 지금은 일이 많다고 해도 당장 한 달 뒤, 1년 뒤에 어떻게 될지 모르잖아요. 이런 불안함을 떨쳐 내려면 자기만이 가진 비장의 무기를 준비해야 합니다. 최악의 상황이 닥쳐도 버틸 수 있을 만큼 안전하고 든든해야 해요. 제 비장의 무기는 공부입니다.

저는 학생 때 공부를 제법 잘했어요. 만화도 좋아하고 춤도 좋아하고 친구들과 노는 것도 좋아했지만, 어쨌거나 공부만큼은 꾸준히 열심히 했어요. 물론 저는 요즘도 공부하고 있습니다. 학생 때는 교과 과목 위주였다면, 이제는 공부 분야가 바뀌었어요. 제가 관심이 가고 미래의 새로운 꿈을 준비하는 분야를 스스로 찾아서 하고 있

어요. 그럴 리 없겠지만, 만에 하나 제 직업을 모두 그만둘 상황이 일어나도 저는 두렵지 않아요. 물론 많이 슬프고 한동안 가슴 아프겠지만, 저는 비장의 무기를 꺼내서 다시 앞으로 나아갈 거예요.

여러분도 비장의 무기를 하나씩 준비해 보세요. 그게 공부일 수도 있고 예체능 분야일 수도 있어요. 그게 무엇이라도 괜찮아요. 10대를 멋지게 열심히 살았다는 결과물을 자신에게 선물해 주세요. 그리고 그걸 늘 가까이 두고 날카롭고 단단하게 갈고 닦으세요. 언젠가 그 비장의 무기를 꺼내야 할 때 반짝반짝 빛날 수 있게 말이에요.

N잡러로서 행복해지기

여러분이 나중에 직업을 선택할 때 여러분 모두가 자신이 좋아하고 꿈꾸던 분야에서 일하지는 못해요. 어떤 경우에는 전혀 생각지 못했던 직업을 가질 수도 있어요. 또 아주 늦게 또 다른 재능과 관심사를 발견하고 직업을 바꾸기도 해요. 아마 열 명 가운데 적어도 예닐곱 명은 이런 경험을 할 거예요.

자기가 좋아하는 분야에서 일하는 사람은 행복하고, 그렇지 않은 사람은 불행할까요? 또 자기 꿈을 일찍 찾아서 직업을 가진 사람은 행복하고, 오랫동안 방황하다가 뒤늦게 재능을 찾아 일하는 사람은 불행할까요? 전혀 그렇지 않아요.

제가 가진 여섯 개 직업 중에는 제가 적극적으로 선택한 분야도 있고, 또 누군가의 권유나 사회적 조건에 따라 선택한 분야도 있습니다. 저는 부모님 권유로 아나운서라는 직업을 가졌어요. 그리고 그 직업에서 뒤늦게 제 재능을 발견했어요. 그때 제 나이가 28살이었어요. 그때는 늦은 나이라고 생각했지만, 지금은 그렇게 생각하지 않습니다.

여러분은 아마 대학을 가장 중요한 목표로 정하고 있을 거예요. 대학만 가면 그때부터는 친구들과 신나게 놀고 살도 저절로 빠지고 애인도 생길 것 같죠? 그렇지 않더라고요. 그렇게 열심히 공부했는데 한 고개를 넘어가면 더 높은 고개가 기다리고 있고요. 대학을 졸업해서도 마찬가지예요. 직업을 가지고 내 분야에서 인정도 받고 수익이 높아지면 여유도 생기고 행복한 일상을 보낼 것 같지만 그렇지 않아요. 심지어 자기가 좋아하는 분야에서 꿈을 이룬 사람에게도 인생은 고비와 숙제의 연속입니다.

우리는 '목표를 향해서 열심히 살다 보면 언젠가는 행복해지겠지.' 하고 생각해요. 정말 그럴까요? 미래를 위해서 오늘을 희생한다면 우리가 행복한 삶을 살았다고 말할 수 있을까요? 물론 필요해요. 그런데 드라마 속의 복수처럼 목표를 잡아서는 안 됩니다. 드라마 속 주인공은 복수를 향해 온갖 난관을 극복해요. 기어이 복수에 성공하면 주인공은 행복해하면서 드라마는 끝을 맺죠. 하지만 우리 삶은 드라마가 아니에요. 복수에 성공한 뒤에도 주인공의 삶은 쭉 이어집니다. 복수를 인생의 유일한 목표로 삼았던 주인공은 지금까지의 동력과 의지를 가지고 살아갈 수 있을까요? 목표는 단지 여러분이 하루하루를 열심히 살게 만드는 여러 이유 가운데 하나일 뿐입니다. 그리고 여러분이 열심히 노력하는 과정에서 쉬어 가는 간이역일 뿐이에요.

목표를 이루는 과정에는 여러 변수가 작용합니다. 따라서 여러분이 목표를 이루지 못했다고 해도 그게 오롯이 여러분만의 책임은 아닙니다. 게다가 한 목표에 성공했건 실패했건, 자의건 타의건 또 다른 목표가 생겨요. 그러니 목표만을 위해 오늘을 희생해 버리면 얼마나 아까워요. 오늘을 희생한 사람의 내일은 또 다른 내일을 위해 희생해야 할 오늘밖에 되지 않아요. 목표를 향해 노력하는 건 아주 중요한 태도예요. 다만 목표로 가는 과정, 하루하루가 행복해야 해요. 오늘 자체를 소중하게 생각하고 충실히 살아야 합니다. 잠들면서 '와! 오늘 뿌듯했다. 오늘 하루 나쁘지 않았다. 계획했던 일을 어느 정도 해냈다.', 다음 날 눈을 떴을 때 '오늘 하루도 기대된다. 즐거운 하루가 될 것 같아.' 이런 생각이 든다면 충분합니다.

우리는 대부분 평범하고 반복적인 하루하루를 보냅니다. 뭔가 격정적이고 기념비적인 날은 그리 많지 않아요. 따라서 보통의 일상을 충분히 알차게 보내고 즐기면 됩니다. 말은 이렇게 하지만, 평범한 일상을 행복하게 보내는 건 정말로 어려워요. 얼마나 어려우면 모든 사람들이 그걸 인생의 최종 목표로 삼고 살아가겠어요.

제 경험에 따르면, 이 어려운 문제를 해결하는 방법은 아주 간단합니다. '내 안의 나'와 자주 대화를 나누고, 누구보다 나를 아끼고 사랑해 줘야 해요. 정말로 지금 하는 일이 나와 어울리는지, 열정을 쏟을 만한 가치가 있는지, 더 전문가로 성장하고 싶은지……. 그런 다음 마음이 시키는 대로 움직여야 알차고 후회 없이 보낼 수 있어요. 하루하루가 행복해집니다. 제가 여러분 앞에 설 수 있게 된 까닭도 여러 가지 직업을 가진 N잡러이기 때문이 아니라, 그런 N잡러인 나를 사랑하기 때문이라고 생각합니다.

여러분도 여러분 자신과 자주 이야기를 나눠 보세요. 무엇을 좋아하는지, 무엇을 하고 싶은지, 무엇을 할 수 있는지 말이에요. 그리고 학생 신분에서 허용되는 범위 안에서 무엇이라도 많이 경험해 보세요. 직접 찾아야 합니다. 또 한 가지, 여러분을 아끼는 어른들 말에도 충분히 귀를 기울여야 합니다. 여러분 자신에게 완전히 집중하는 시간도 필요하지만, 여러분 곁에서 여러분을 소중하게 생각하는 사람들과의 균형도 필요합니다. 안정적인 직장이 좋다는 부모님 말씀, N잡러로서 자존심 상하지만 솔직히 맞습니다. 저도 한편으로는 안정적인 생활을 위해서 여러 직업을 가지고 일하는 거니까요. 그러니 어른들 이야기를 삐딱하게만 해석하지 말고 찬찬히 곱씹어서 이해해 보세요.

여러분도 잘 아는 연예인 이효리 님이 어떤 아이랑 이야기하다가 "커서 뭐 되고 싶니?" 이렇게 물으니까, 아이가 "좋은 어른이요."라고 대답했어요. 그러자 이효리 님이 "아유, 좋은 어른은 무슨 좋은 어른이야. 그냥 어른 돼."라고 말하더라고요. 맞아요. 뭔가 근사하고 멋진 어른이 되려고 억지로 노력할 필요 없어요. 그냥 각자의 인생을 살아가면서 자연스레 어른이 되는 거죠.

저는 여기에 하나만 더하고 싶습니다. 행복한 어른이 되세요. 그 길은 여러분 안에 있어요. 외부로부터 얻는 경험은 여러분 삶에서 약간의 방향성과 동기 부여가 될 뿐입니다. 진정한 답은 여러분 안에 있어요. 여러분 모두가 답을 잘 찾아서 행복한 어른이 되기를 바랍니다.

66 목표를 향해 노력하는 건 아주 중요한 태도예요.
다만 목표로 가는 과정, 하루하루가 행복해야 해요.
오늘 자체를 소중하게 생각하고
충실히 살아야 합니다. 99

Q 01
N잡러로서 삶의 최종 목표가 무엇인가요?

행복한 어른이 되는 겁니다. 지금 생각에는 환갑쯤에는 직업이 열 가지쯤 되지 않을까 생각하는데요. 하지만 열 가지 직업을 갖는 게 특별한 목표는 아닙니다. 환갑에 여전히 여섯 가지여도 괜찮고, 서너 개로 줄어도 상관없어요. 그때도 '오늘 하루 뿌듯했다. 오늘 하루 기대된다.' 이렇게 생각하면서 살고 있다면 그걸로 충분할 것 같아요.

Q 02
N잡러는 하루하루 시간이 부족할 것 같은데, 시간을 어떻게 관리하고 활용하나요? 또 N잡러로서 어떤 직업이 가장 힘들고 어려웠나요?

일단 시간 관리에 대한 이야기를 하자면, 중심이 되는 본업이 있어야 해요. 저는 성우 일이 최우선입니다. 성우로서 스케줄을 먼저 잡아 놓고 나서, 남는 시간에 다른 직업과 관련된 스케줄을 조정하는 거죠. 그리고 저는 자투리 시간을 활용하는 편입니다. 오늘도 여기까지 대중교통으로 오면서 한 시간 조금 넘게 걸렸거든요. 그동안 저는 요즘 쓰고 있는 책과 관련된 메모를 했어요. 평상시에도 저는 지하철을 타고 다니면서 다음 일에 필요한 자료를 읽거나 온라인 강의를 듣고는 해요. 자투리 시간을 잘 활용하면 하루를 아주 길고 효과적으로 보낼 수 있습니다. 또 하나, 의뢰가 들어올 때 상황에 따라 과감하게 거절할 줄 알아야 해요. 프리랜서는 늘 일이 끊길까 봐 걱정을 안고 살아

요. 그래서 일이 들어오면 어떻게든 받아서 하려고 해요. 그래야 의뢰해 준 회사와 인연이 이어지는 거니까요. 하지만 여러 가지 일이 겹친 상태에서 무리하게 일하다 보면 분명히 탈이 납니다. 그러니 본업을 중심에 두고 나머지 스케줄을 넉넉하게 조절해야 합니다. 물론 휴식 시간, 체력을 기르는 운동 시간은 필수입니다.

다음으로, 가장 어려운 직업은 아무래도 성우입니다. 힘들기보다는 제가 가장 애정하기 때문에 그만큼 조심스럽고 아직도 배워야 할 게 많아요. 성우는 맡은 배역이 늘 바뀌잖아요. 아역을 맡았다고 해도 어떤 때는 되바라진 네 살 꼬마일 때도 있고, 또 어떤 때는 시크한 여섯 살짜리 남자아이일 수도 있거든요. 각각의 아이에 걸맞은 목소리를 찾아내는 과정이 아주 어려워요. 제 안에서 배역을 이해하고 몰입하는 데까지 고민도 많이 하고 시간도 오래 걸립니다. 제 목소리와 배역 캐릭터가 조화를 이룰 수 있도록 정말 열심히 노력하고 있습니다.

Q 03
N잡러는 단기 프로젝트나 일회성 행사 같은 데서 일할 텐데요. 그러다 보면 쉽게 번아웃 상태가 올 것 같아요. 그럴 땐 어떻게 대처하나요?

제가 N잡러가 되면서 주변 사람들에게 가장 많이 듣는 단어가 번아웃이에요. 그런데 사실 저는 한 번도 번아웃을 경험해 보지 않았답니다. 솔직히 말해서 일이 많으면 오히려 마음이 편해요. 일이 없으면 불안하고요. 그래서 불안을 이겨 내려고 더 많은 직업과 일을 찾는지도 모르겠어요.

성격이 좀 다르기는 하지만, 제가 성우 일을 하면서 슬럼프에 빠진 적은 있어요. 성우로서 일이 끝나면 인간 이다슬로 살아도 되는데 하루 종일 슬럼프에 빠져 있었어요. 스트레스가 쌓이다 보니 어느 순간 성우라는 직업이 무섭고 싫어지는 거예요. 제가 너무 과하게 몰입해 있다는 사실을 깨닫고는 정신을 번쩍 차렸어요.

제가 내린 해법은 '열정 나누기'였어요. 성우라는 직업에 쏟고 있는 열정을 다른 쪽 일에 나눠 보자고 생각한 거죠. 먼저, 요가를 본격적으로 배워서 강사 자격증을 따 보기로 했어요. 또 방송 분야를 더 전문적으로 공부하려고 대학원을 다녔습니다. 퇴근 이후와 주말에는 이 두 가지 분야에 에너지를 쏟았어요. 그러면서 차츰 성우로서 저를 객관적으로 평가하고 여유를 가지게 되었답니다.

저는 경험해 보지 못했지만, 사실 N잡러에게 번아웃은 영광의 상처 같은 거예요. 그만큼 일이 많다는 뜻이잖아요. N잡러로 살아가면서 언제라도 일이 없는 때가 올 수 있다고 생각하고 있어요. 그러니 물 들어올 때 노 저어야죠. 하지만 N잡러라면 저마다 번아웃에 빠지지 않는 방법과 번아웃에서 빠져나오는 방법을 한두 가지 정도는 가지고 있는 것이 좋다고 생각합니다.

Q 04

학생은 미래를 위해 공부해야 하는데요. 그게 현실이라고 인정하면서도 공부하기가 쉽지 않아요. 어떻게 하면 내일을 위해 오늘 하루를 보람되고 균형감 있게 보낼 수 있을까요?

우리는 왜 내일을 위해서 공부해야 한다고 생각하는 걸까요? 공부를 꼭 좋은 성적 받으려고 하는 건 아니지 않을까요? 그렇게 생각했으면 저는 학생 시절을 못 견뎠을 것 같아요. 성적을 올리고 대학에 진학하기 위해 어쩔 수 없이 공부한다고 생각하면 정말 삭막하고 재미없잖아요. 저는 그냥 공부하는 게 괜찮았어요. 모르는 내용을 새롭게 배우면서 제 안에 지식을 쌓아 가는 과정이 즐거웠어요.

제가 읽었던 책에 이런 내용이 있더라고요. 엄마가 아이를 칭찬할 때 "우리 아들, 100점 받았네. 엄마 너무 자랑스러워." 대부분 이렇게 말해요. 그런데 이 칭찬은 어찌 보면 좋은 칭찬이 아닐 수 있다고 해요. 아이는 '내가 또 100점을 받아야 엄마한테 칭찬을 받겠구나.' 하고 생각한다는 거죠. 조금만 말을 바꿔서 "우리 아들이 열심히 공부하는 과정을 엄마가 봤어. 그리고 너의 노력이 좋은 점수로 보상받아서 엄마는 너무 기특하고 기뻐."라고 칭찬해 주면 어떨까요? 아이가 받아들이는 동력은 전혀 다를 거예요. 아이를 성적에만 매달리게 하면 아이는 공부하는 과정을 즐기지 못해요. 어쩌다 점수가 낮게 나오면 스스로에게 얼마나 실망하고 좌절하겠어요. 또 결과만 중요하게 여기는 아이가 어떤 사람으로 성장할지 생각해 보세요.

여러분에게 수능이 눈앞에 주어진 목표이기는 하지만 최종 목적지는 아니잖아요. 여러분이 앞으로 거쳐야 할 수많은 터널 가운데 하나일 뿐이에요. 수능이라는 터널을 지나면 또 다른 터널을 만나게 될 거예요. 어떤 것은 넓고 밝고 짧을 수도 있고, 어떤 것은 좁고 어둡고 길 수도 있어요. 결국 터널 자체를 인정하고 즐기지 못한다면 터널은 여러분에게 괴로움만 느끼게 할 것입니다. 터널을 하나하나 완주하는 것만으로도 충분히 칭찬받을 자격이 있어요. 그러니까 이 시절을 최대한 즐겨야 해요. 여러분 스스로를 사랑해 주고, 또 주변을 찬찬히 둘러보세요. 캄캄한 터널이라도 여러분이 어떤 벽화를 그리고 등을 달아 주느냐에 따라 나중에 돌아봤을 때 여러분 인생에서 가장 행복한 날들로 기억될지 모릅니다. 기억하세요. 여러분은 지금 여러분 인생에서 가장 빛나고 아름다운 황금기를 지나고 있답니다.

FUN&LEARN

단순해 보이는 '같음'과 '다름'에 대한 문제를 해결하기 위해
수많은 수학자가 꽤 오랫동안 고민했지만
아직 실마리를 찾지 못하고 있다.
이는 우리가 같다와 다르다라는 개념에 대해서
생각하는 것이 얼마나 서툰지를 보여 준다.

같음과 다름

허준이

FUN&LEARN

PROFILE

허준이

수학자. 많은 사람이 독립적인 과정을 거치며 같은 결론에 도달하고, 그 결과를 서로 깨끗하고 완벽하게 소통할 수 있다는 점에 매력을 느껴 수학에 뛰어들게 되었다. 전공 분야는 조합론과 대수기하학으로 이산적인 구조로부터 공간을 구성하고 기하학적인 직관을 사용해 조합론의 여러 난제에 도전해 왔다. 미국 고등과학원과 스탠퍼드대학교를 거쳐, 현재는 프린스턴대학교와 한국 고등과학원에서 교수로 재직 중이다. 2021년에 삼성호암상, 2022년에 필즈상과 맥아더상을 수상했다.

어디에도 없지만, 어디에나 있는 여섯

안녕하세요. 수학자 허준이입니다. 오늘은 수학자의 눈으로 본 '같음과 다름'에 대해 이야기해 보려고 해요. 세상에는 이 주제를 보여 주는 사례가 무수히 많아요. 예컨대, 그루터기에 자란 버섯이나 아니면 밤하늘에서 찾은 어떤 별자리로 이야기를 시작할 수 있을 것 같아요. 또 이야기를 재미있게 풀어 보자면 비눗방울이나 물방울로 시작하는 것도 좋겠네요. 하지만 오늘 저는 주로 조약돌을 가지고 이야기를 풀어 가려고 해요. 여러분, 제가 조금 전 이야기한 여러 가지 사물들을 찍어 놓은 사진을 먼저 볼까요? 이 사진들의 공통점과 차이점은 무엇일까요?

무엇이 같고 무엇이 다를까?

사진을 하나씩 떼어 놓고 보면 공통점이 무엇인지 뚜렷하게 드러나지 않아요. 하지만 사진을 서로 가까이 붙여 두고 비교해 보면 공통점이 금세 눈에 들어옵니다. 여러분도 발견했나요? 바로 버섯·별·조약돌·물방울이 모두 여섯 개씩 있다는 거죠.

'여섯'은 오늘 이야기할 여러 가지 주제 가운데 하나입니다. '여섯'이란 과연 무엇일까요? 여섯이 무엇인지 딱 꼬집어 말할 수는 없지만, 우리에게 아주 익숙한 단어라는 점은 틀림없어요. 여섯이 무엇이건 간에 핵심에는 '일대일 대응'이라는 개념이 숨어 있어요. 일대일 대응이란 어떤 대상을 셀 때 하나도 빠트리지 않고, 또 어떤 것도 여러 번 세지 않는 방법을 뜻하는 말이에요. 학교에서 배우는 용어로는 '전단사 함수'라고 하죠. 일대일 대응에서 '하나도 빠트리지 않고 센다.'는 조건이 '전사', '어떤 것도 여러 번 세지 않는다.'는 조건이 '단사'입니다. 6개의 원소를 가진 집합 A와 집합 B 사이에 전단사 함수가 존재하면 집합 B도 6개의 원소를 가지고 있겠지요.

이제 다시 '여섯'이 무엇인지 가만히 생각해 볼까요? 여섯은 버섯·별·조약돌·물방울 같은 구체적인 사물을 뜻하는 단어가 아니에요. 각각의 원소로 이루어진 집합들 사이의 동치류를 나타내는 단어입니다. 서로 다른 집합의 일부 요소가 같은 성질을 보일 때 이 집합을 '동치류'라고 해요. 그러니까 앞의 사진들에서 '여섯'은 집합과 집합 사이의 동치 관계를 나타내는 말이에요. A 집합과 B 집합 사이에 전단사 함수가 존재하면, 두 집합이 가진 같은 수를 우리는 '6'이나 '15'나 '42' 같은 개념(기호)으로 표현합니다. 그런 의미에서 여섯은 어디에도 없지만, 어디에나 있다고 얘기할 수 있겠죠.

왜 조약돌로 수를 셋을까

이 세상에는 여섯 개의 원소를 가진 집합이 셀 수 없을 만큼 많이 존재해요. 저는 이 가운데 조약돌 여섯 개로 이루어진 집합을 대표적인 사례로 들어서 여러분과 이야기를 나눠 보려고 해요. 제가 조약돌 집합을 사례로 가지고 나온 데는 나름대로 이유가 있어요. 영어에서 '칼큘레이션calculation'은 '계산'이라는 뜻의 단어입니다. 이 단어는 조약돌을 뜻하는 라틴어 'calculus'에서 유래했어요. 그러니까 인류는 아주 오래전부터 조약돌로 수를 셋고, 이로부터 '계산'이라는 단어가 생겨난 거죠. 왜 인류는 조약돌을 가지고 수를 셈했을까요? 조약돌은 모양이 변하지 않고, 안과 밖의 경계가 뚜렷하고, 다른 사물과 분명하게 구분되는 특징을 가졌고, 그러면서도 각각의 특성은 무시해도 좋을 만큼 고만고만한 모습을 띠고 있기 때문이에요.

여러분, 주위를 한번 둘러보세요. 수많은 대상이 존재하는데, 대부분은 전혀 셀 수 없거나 또는 분명하게 구분되지 않아요. 예컨대, 연기·강물·공기 같은 존재는 항상 변하고 안과 밖의 경계가 뚜렷하지 않죠. 이런 대상들은 5개, 6개 또는 10만 4592개 등으로 셀 수 없어요. 이에 비해 조약돌은 시시각각 변하지도 않고 안과 밖의 경계가 뚜렷해요. 또한 무엇이 조약돌이고 무엇이 조약돌이 아닌지 분명하게 구별됩니다. 조약돌을 세려면 무엇이 조약돌인지 분명히 아는 게 굉장히 중요하겠죠. 그러면서도 조약돌과 조약돌 사이의 다름은 별 어려움 없이 쉽게 무시할 수 있어야 하고요.

그런데 여러분, 조약돌은 정말 위의 네 가지 성질을 가지고 있을까요? 인간이 어떤 대상을 셀 때 반드시 필요한 네 가지 조건을 가진 대표적인 사물일까요? 조금만 생각해 보면 다른 대상과 마찬가지로 조약돌도 이러한 성질을 가지고 있지 않아요. 비눗방울이 잠깐 존재하다가 없어지고, 물방울이 끝없이 형태를 바꾸고, 별이 밤하늘에 반짝이다가 아침이 되면 금세 사라지는 것처럼 조약돌도 끊임없이 변화하면서 결국은 다른 형태로 바뀝니다. 또 전자나 원자 단위에서 보자면 무엇이 조약돌이고 무엇이 조약돌이 아닌지 뚜렷하게 구별할 수 없어요. 그리고 세상 어디에도 똑같은 조약돌은 없어요. 두 개의 서로 다른 존재를 인간은 '조약돌'이라는 단어 하나로 뭉뚱그려서 부르고 있는 셈이에요. 조약돌 입장에서는 제법 폭력적인 행위이지요.

생성형 AI가 여섯을 그리지 못하는 이유

자, 우리가 어떤 것을 세는 행위를 할 때 어떤 일이 벌어지는지 곰곰이 생각해 보세요. 인간은 뭔가를 셈할 때 그 대상을 상당히 과감하면서도 대담하게 단순화시킵니다. 이처럼 대상을 단순화시켜서 수를 세는 행위는 사실 쉽지 않은 일이에요.

제가 예를 들어 볼게요. 오늘 저는 여러분과 이야기를 나누기 위해 다른 어떤 강연보다 오랜 시간을 들였어요. 강연을 특별히 촘촘히 준비하느라 그런 건 아니고, 강연 자료를 준비하는 데 시간이 오래 걸렸기 때문이에요. 제가 보여 준 버섯·별·조약돌·물방울 사진은 사실 이미지 생성형 AI인 DALL-E로 만들었어요. 저는 처음에 구글에서 여섯 개의 원소로 이루어진 집합 사진을 찾아봤어요. 그런데 자연 상태에서 사물 여섯 개가 뚜렷하게 드러난 사진을 찾기가 쉽지 않았어요. 그래서 DALL-E에게 "자연 속에 버섯 여섯 개가 존재하는 모습을 사진처럼 그려 줘."라고 부탁했어요. DALL-E는 순식간에 100~200장을 그려 줬어요. 그런데 참 얄밉게도 버섯을 딱 여섯 개만 그린 그림이 없는 거예요.

AI는 버섯 '여섯' 개만 그리는 걸 무척 어려워했어요. 왜냐하면 '여섯' 개는 생각보다 어려운 개념이거든요. DALL-E는 어떤 사물을 하나 그려 달라고 하면 간간이 실수하기는 하지만, 제법 빠르고 정확하게 잘 그려 줘요. 그런데 어떤 사물 다섯 개, 여섯 개를 자연 상태처럼 그려 달라고 하면 잘 못 그려요. 대부분 아주 많이 그려 넣거나, 어떤 경우에는 뒷배경으로 그려 넣은 게 사물인지 아닌지 불분명하기도 해요. 그러니까 수를 인식하는 방식이 인간을 제외한 대부분 포유류와 굉장히 흡사해요.

제 가족 구성원 중에 가장 어린 친구는 둘째 아이 '허솔'이에요. 이제 막 숫자 개념을 배우기 시작한 솔이는 수를 셀 때마다 늘 더듬거려요. 바구니에 담긴 귤이 세 개인지 네 개인지, 넷 다음에 다섯인지 여섯인지 고민에 빠지죠. AI가 사물을 세는 방식도 솔이와 놀라우리만큼 비슷해요. 그래서 저는 먼저 버섯을 세 개 정도 그려 달라고 한 다음에, 이 그림을 가지고 버섯 여섯 개가 나올 때까지 조금씩 연장해서 덧붙이는 방법을 썼어요.

생성형 AI가 바보라서 사물 여섯 개를 그리지 못하는 걸까요? 하지만 여러분도 잘 아는 것처럼, AI가 아주 바보는 아니에요. 상당히 어려운 과제를 내줘도 척척 잘 해내요. 한번은 제가 DALL-E에게

이미지 생성형 AI인 DALL-E가 인상파 화법으로 그린 1993년경 서울 풍경

"1993년경 서울에서 해가 지는 모습을 인상파 화법으로 그려 줘."
라고 부탁해 봤어요. 위의 그림은 그때 DALL-E가 그려 준 그림이에
요. 제법 그럴듯하죠? 저 멀리 산 위에 남산타워 비슷한 것도 보이
고, 누가 뭐래도 서울처럼 보이죠. 정확히 제가 원하던 그림이에요.
여섯도 셀 줄 모르는 존재가 이런 그림은 제법 멋지게 그려 냈습니다.

　좀 더 어려운 작업은 어떨까요? "존재하는 모든 것들의 근본적인
심오함을 최대한 잘 표현한 추상화를 그려 줄 수 있겠니?" 이렇게
정확한 해답지가 없는 추상적인 과제를 내줬더니 DALL-E가 어떤
결과물을 내왔을까요? 저는 미술에 대해 조예가 깊지 않지만, 적어
도 제 눈에는 현대 미술 전시회에서 오른쪽 그림이 걸려 있다고 해
도 별다른 이질감을 느끼지 못했을 것 같아요. 이렇게 현대 미술 기
법까지 그려 내는 DALL-E지만, 여전히 여섯은 그리기 힘들어해요.
그러니까 여러분이 여섯을 셀 수 있다면 여러분 스스로 지적인 자
신감을 가져도 괜찮습니다.

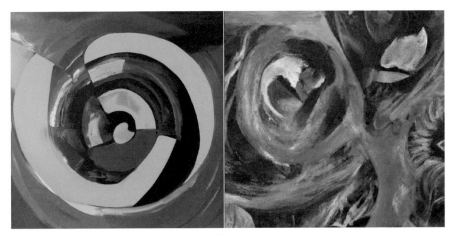

이미지 생성형 AI인 DALL-E가 그린 추상화

덧셈과 곱셈으로 여섯 만들기

여섯이 무엇이건 간에 우리 인간은 그 대상을 인식할 수 있어요. 버섯이건 별이건 조약돌이건 물방울이건, 또는 구체적인 사물이 아니라도 우리는 무언가가 여섯 개로 이루어졌으면 곧바로 인지합니다. 게다가 우리는 여섯 개라는 개념만 가지고도 재미있는 여러 가지 놀이를 할 수 있어요. 머릿속에 여섯 개의 무언가를 떠올려서 여러 가지 방식으로 배열할 수도 있어요. 심지어 여러분 머릿속에 떠올린 사물이 물방울이었다면 어떻게 배열할지 고민하다가 '물방울을 옮기다가 혹시 하나로 합쳐지지는 않을까?' 하면서 사소한 걱정까지 할 수 있습니다.

이제, 여러분 머릿속 사물 여섯 개를 한 줄로 쭉 나열했다고 가정해 보세요. 인간은 대부분 한 줄로 나열된 대상을 보면 왼쪽부터 오른쪽으로, 또는 오른쪽부터 왼쪽으로 하나씩 세어 봅니다. 수를 세어 보는 행위는 인간의 본능에 가까워요. 이런 행위를 하는 순간 존재하지 않았던 의미가 만들어지고 아주 원초적인 형태의 수학이 시작됩니다.

한 줄로 나열된 대상이 여섯 개라는 걸 어떻게 증명할 수 있을까요? 여기에서 여섯은 대상 하나에 하나를 더하고, 또 하나를 더하고, 또 하나를 더하고, 또 하나를 더하고, 또 하나를 더해서 얻어지는 수입니다. 20세기 초반에 활동했던 어떤 수학자들에게는 이것이 여섯을 정의하는 방법이었어요.

20세기 초반 많은 수학자들이 여섯을 정의하던 방법

●　　●　　●　　●　　●　　●

$$6 = (((((1 + 1) + 1) + 1) + 1) + 1$$

우리는 여섯을 '어떤 집합들 사이의 동치류'라고 정의했지만, 여섯을 위의 방법으로 정의해도 별 문제 없어요. 아마 20세기 수학의 역사에 관심 있으신 분들은 수학자 버트런드 러셀과 앨프리드 화이트헤드가 '1+1=2'라는 사실을 증명하기까지 《수학 원리》를 300쪽 이상 써야 했다는 사실을 들어 보신 적 있으실 거예요. 사실 이 책에는 뭔가 놀라운 증명법이 나오지 않아요. 그보다는 1과 2가 무엇이고, 1에 1을 더한다는 것이 어떤 의미이고, 어떤 대상이 다른 대상과 같다(=)는 게 어떤 의미인지 개념을 정립하고 있어요. 이와 같이 수학의 기반을 탄탄히 하려 한 것이 러셀과 화이트헤드가 《수학 원리》를 쓴 이유예요. 그렇더라도 300쪽은 무시무시한 분량입니다.

자, 이번에는 여섯 개를 다른 방식으로 배열해 볼까요? 서로 다른 두 방식으로 두 개와 네 개로 갈라서 배열해 보면 '2+4'와 '4+2'의 결괏값이 같다는 사실을 알 수 있어요. 왜냐하면 둘 다 6이니까요. 또 두 개씩 세 줄과 세 개씩 두 줄로 배열하면 '2×3'과 '3×2'가 결괏값이 6으로 같다는 걸 알 수 있습니다.

수의 배열을 다르게 하면서 인류는 덧셈과 곱셈의 기본 규칙을 발견하였다

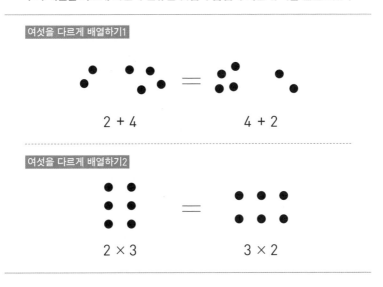

이런 식으로 해서 인류는 자연수에서 가장 기초적인 두 가지 연산의 기본 규칙, 즉 덧셈과 곱셈의 교환법칙을 발견했어요. 이 두 가지 연산만으로도 우리가 정수론에서 맞닥뜨리는 굉장히 어렵지만 신비로운 난제들을 무수히 많이 만들거나 풀이할 수 있답니다.

집합의 범주에서 바라본 여섯

여섯이라는 개념을 정의할 때 기술적으로 가장 중요한 개념은 '동형'이에요. 영어로는 'isomorphic'입니다. 그리스어의 '같음'을 뜻하는 'iso'와 '모양, 형태'를 뜻하는 'morphic'이 합쳐져서 만들어진 단어입니다. 그러니까 동형이란 모든 구조가 동일해서 구별할 수 없음을 뜻하는 말이에요. 여기에서 구조는 수학적 구조를 말합니다. 어떤 집합과 다른 집합 사이에 일대일 대응, 즉 전단사 함수가 존재하면 집합의 범주 안에서 어떤 집합이 다른 집합과 동형이라고 규정합니다. 동형이라는 개념은 사실 어떤 범주category 안에서 논의하느냐가 중요해요. 동형이라는 개념을 설명할 때 제가 '모든 구조가 동일하다.' '구별할 수 없다.'라는 표현을 썼는데요. 두 표현 다 주어진 범주를 전제로 하기 때문이에요. 여기에서 범주란 그런 것과 그렇지 않은 것을 나누고, 무엇을 보고 무엇을 보지 않을지를 정해 놓은 둘레입니다.

20세기 수학은 그 당시 존재했던 모든 수학 이론을 집합론의 토대 위로 견고하게 쌓아 올리는 것을 주된 목적 중의 하나로 삼았어요. 반면 21세기 수학자들은 존재하는 모든 수학을 범주론 안에 잘 넣는 것을 주요 목표 중 하나로 삼고 있지요. 앞서 이야기했듯이 주어진 임의의 범주 안에서 서로 동형인 것들은 동치류를 이룹니다. 그중에 유한집합에 해당하는 원소들의 수를 우리는 '하나' 또는 '여섯' 또는 '열여덟'이라고 부릅니다.

제가 동형 개념을 설명하면서 '구별할 수 없는 구조'라는 표현을 썼는데, 이 문장에 대해 잠시 생각해 보세요. 구별할 수 없으면 같다고 말할 수 있을까요? 제가 이 자리에서 여러분에게 드리고 싶었던 질문 중의 하나예요. 뭔가 심오하고 철학적인 질문처럼 들리나요? 그렇지 않아요. 조금 생각해 보면, 언어를 어떻게 사용할 것인지에 대한 약속의 문제라는 것을 알 수 있지요. 우리는 '같다'라는 표현을 경우와 조건에 따라서 어떤 식으로 사용할지 약속했기 때문에 서로 소통할 수 있어요. 수학의 테두리 안에서는 어떤 수학적 구조와 다른 수학적 구조가 동형 사상(서로 구조가 같은 두 대상 사이에 모든 구조를 보존하는 사상)이 있으면 두 개를 '같다'라고 표현하기로 약속했어요. 따라서 오늘 우리도 그 약속을 따르겠습니다. 그러면 다음과 같이 제법 멋진 표현을 어떤 애매함과 모호함 없이 명확하게 사용할 수 있습니다.

'여섯은 집합의 범주 안에 한 동치류이고, 여섯은 자신과 서로 다른 720가지 방법으로 같다.'

왜 720일까요? 여섯이 나오는 서로 다른 방법의 수는 $6 \times 5 \times 4 \times 3 \times 2 \times 1$, 즉 6!(팩토리얼)로 720입니다.

따라서 '구별할 수 없으면 같은가?'라는 현학적으로 들리는 질문은 무의미하지 않아요. 왜냐하면 '같다'라는 표현을 어떤 식으로 사용할지 정확하게 정의하도록 우리에게 강제하기 때문이에요.

지금까지 주로 집합의 범주에서 여섯을 얘기했는데요. 다른 범주에서도 여섯을 이야기할 수 있어요. 범주를 정해 놓는다는 것은 어떤 구조를 보고, 어떤 구조를 보지 않을지 미리 약속해 두는 거예요. 예를 들어, 어떤 집합에서 집합을 구성하는 원소의 개수 외에는 다른 어떤 것도 보지 않겠다고 선언하는 거죠.

위상 공간과 군의 범주에서 같음과 다름

만약 우리가 두 집합 사이에서 임의의 사상이 아니라 연속 함수만
을 보자고 약속한다면 또 다른 재미있는 범주가 생깁니다. 바로 위
상 공간의 범주예요. 수학 교양서에서 약속이나 한 듯 자주 등장하
는 그림이 있어요. 커피 잔과 도넛 그림을 나란히 놓고, 아주 달라
보이는 커피 잔과 도넛이 위상 공간의 범주에서는 같다는 놀라운
결과를 내옵니다. 둘 사이에 동형 사상이 존재하기 때문이에요. 여
기에서는 연속 변형에 의해서 주어지는 동형 사상입니다. 즉 자신
이 연속이고, 역도 연속인 전단사 함수가 존재한다는 뜻이에요.

조금 어려운 리 군Lie group의 범주에서 동형 사상을 이야기해 볼
까요? 리 군의 범주에서는 위상 구조와 군 구조를 동시에 고려합니
다. 이 범주에서의 양의 실수를 곱하는 것과 임의의 실수를 더하는

위상 공간에서 동형을 나타내는 대표적 예시

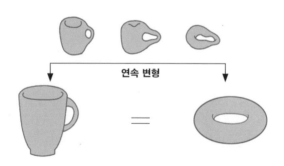

커피 잔과 도넛은 위상 공간의 범주에서 같은 모양이다. 위상 공간 범주
에서는 자르거나 붙이지 않고, 찌그러뜨리거나 늘려서 같은 모양으로
변형할 수 있으면 같은 모양이라고 정의한다.

것은 완전히 같지요. 동형 사상이라는 단어를 이용해서 설명하자면, 양의 실수와 곱하기 구조는 실수와 더하기 구조와 서로 구별할 수 없는데, 서로 구별할 수 없음을 목격하는 동형 사상이 바로 로그 함수예요. 즉, '$\log_a xy = \log_a x + \log_a y$'입니다. 로그 함수의 발견은 인류가 사물을 인식하고 해석하는 데 매우 놀라운 변화를 가져왔어요.

이번에는 조금 더 대수적인 범주(군의 범주)에서 동형 사상을 알아볼까요? 예를 들어, 유리계수 다항식 '$x^5 + 5x + 12 = 0$'에 존재하는 다섯 근 사이의 대칭은 오각형 다섯 꼭짓점 사이의 대칭과 정확히 같은 군(동형 군)이에요. 18세기 프랑스 수학자 에바리스트 갈루아는 이러한 대칭성의 관점에서 다항식을 체계적으로 이해하려 했습니다. 예컨대, 실계수 다항식에서 2차 함수의 근은 두 가지 종류밖에 없죠. 실근이 두 개 있거나 복소수 켤레로 존재하거나. 그리고 복소수 켤레는 항상 대칭되는 짝으로 나타납니다. 갈루아 이론Galois theory의 가장 기본적인 예라고 볼 수 있습니다.

이제까지 살펴본 여러 범주에서 동형 사상의 개념을 정확히 인지하면서 인류는 매우 혁명적인 변화를 경험했어요. 예컨대, 갈루아 이론에서 소개된 군 사이의 동형 개념은 어쩌면 인류가 처음으로 대칭에 대해 체계적으로 이해하기 시작한 계기가 되었어요. 물론 인류는 지난 수천 년 동안 대칭성에 지대한 관심을 가져왔고, 이렇게도 생각해 보고 저렇게도 생각해 봤어요. 그렇지만 어떤 특정한 하나의 대칭이 아니라 가능한 모든 대칭이 중요한 구조를 이룬다는 사실을 처음 인식한 거죠. 이때가 군이라는 개념, 군 사이의 동형이라는 개념을 인식한 시기와 일치한다는 게 우연은 아닐 거예요.

그래프의 범주에서 같음과 다름

이제 그래프의 범주에서 같음과 다름을 살펴보도록 해요. 그래프란 꼭짓점들과 그 사이의 변들로 구성된 가장 기본적인 조합론적 구조예요. 수학자들이 네트워크 개념을 다룰 때 흔히 모델로 삼는 구조입니다.

앞서 이야기했듯이, 서로 소통하려면 하나의 그래프가 다른 어떤 그래프와 언제 같은지가 정확하게 전제되어야겠죠? 수학자들은 이 그래프와 저 그래프가 언제 동형인지에 대해 미리 약속했습니다. 즉 '모든 변을 보존하는 꼭짓점 집합 사이에 일대일 대응이 있는 경우에 두 그래프는 완전히 같은 동형'이라고 정의했습니다. 약속한 내용을 떠올리면서 오각형과 별 모양 그래프를 볼까요?

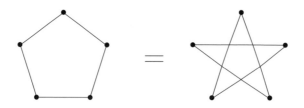

그래프의 범주에서 동형을 이해하기 위한 예1

한눈에 보기에도 완전히 달라 보이는 두 그래프는 위의 약속에 따르면 동형 그래프입니다. 두 그래프 모두 꼭짓점과 변이 각각 다섯 개 있고, 그 꼭짓점 다섯과 변 다섯 사이에 일대일 대응이 있어서 다섯 개의 변이 정확히 다른 다섯 개의 변에 대응합니다. 두 그래프 모두 한붓그리기를 해 보면 동형 사상을 만들어 낼 수 있어요. 두 그래프는 단지 다르게 그렸을 뿐, 서로 다른 그래프인 건 아니에요.

오각형과 별 모양 그래프는 상대적으로 단순해서 조금만 생각해 보면 동형이라는 사실을 알 수 있지만, 그래프가 좀 더 복잡해지면 판단하기가 쉽지 않아요. 복잡한 두 그래프가 같은 그래프인지 다른 그래프인지 구별하는 건 인간에게도 컴퓨터에게도 상당히 까다로운 문제예요. 예컨대, 아래 그래프를 보세요.

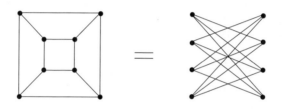

그래프의 범주에서 동형을 이해하기 위한 예2

주사위의 여덟 꼭짓점을 위에서 내려다보면 왼쪽에 있는 그래프처럼 12개의 변이 보이겠죠? 이 그래프는 오른쪽에 보이는 거미줄 같이 생긴 그래프와 정확히 같은 그래프입니다. 이 두 그래프가 동형 그래프라는 사실을 눈으로 보고 이해하기는 쉽지 않아요. 색칠하면서 확인해 보는 게 정확하고 빠를 것 같아요. 주사위의 한 꼭짓점을 빨간색으로 칠하고, 빨간 꼭짓점에 접해 있는 다른 모든 꼭짓점을 파란색으로 칠하고, 파란 꼭짓점에 접해 있는 다른 모든 꼭짓점을 빨간색으로 칠해 보세요. 이런 식으로 반복하면 여덟 개의 꼭짓점이 네 개의 빨간 점과 네 개의 파란 점으로 칠해집니다. 그런 다음 네 개의 빨간 점을 왼쪽, 네 개의 파란 점을 오른쪽에 나란히 놓고 빨간 점과 파란 점 사이에 주사위와 똑같은 방식으로 변을 그려 보면 정확히 오른쪽의 거미줄 그래프가 나옵니다. 두 그래프 사이에 동형 사상이 존재하니 사실 같은 그래프입니다.

마지막으로, 꼭짓점이 여섯 개인 비슷한 모양의 두 그래프입니다.

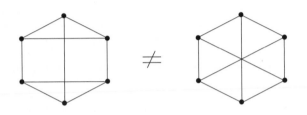

그래프의 범주에서 동형을 이해하기 위한 예3

두 그래프는 꼭짓점 개수도 같고, 변의 개수도 같고, 임의의 꼭짓점에 변이 세 개씩 붙어 있어서 비슷해 보입니다. 그렇지만 왼쪽 그래프와 오른쪽 그래프 사이에 동형 사상이 존재하지 않기 때문에 둘은 서로 다른 그래프입니다. 왼쪽 그래프는 어떤 꼭짓점에서 여행을 시작하더라도 변을 세 번 거친 다음 출발한 꼭짓점으로 돌아올 수 있어요. 하지만 오른쪽 그래프는 어떤 꼭짓점도 세 번 만에 돌아올 방법이 없어요. 그러니까 두 그래프는 본질적으로 다른 그래프입니다.

재구성 추측으로 본 같음과 다름

이쯤에서 앞서 제가 질문했던 내용으로 돌아가 볼게요. 구별할 수 없으면 같다고 말할 수 있을까요? 우리는 적어도 오늘은 '그렇다'고 약속했어요. 좀 더 정확히 표현하자면 '두 수학적 구조 사이에 동형 사상이 있으면 두 수학적 대상이 같다.'고 약속했어요. 이 약속을 따르자면 재미있으면서도 어려운 문제를 많이 만들어 낼 수 있어요.

여러 예에서 살펴보았듯이, 우리는 '같다'라는 개념을 다루는 데 서툴러요. 우리의 미숙함을 보여 주는 여러 문제 가운데 하나를 소개할게요. 수학자 프랭크 해러리가 1964년에 제안한 재구성 추측이에요. 해러리는 현대적인 의미에서 그래프 이론을 구성한 수학자 중 한 명이에요. 해러리는 '그래프의 변이 적어도 네 개 있는 경우 변 하나를 제거해서 얻은 모든 부분 그래프들의 중복 집합으로부터 그래프를 재구성할 수 있을 것이다.'라고 추측했어요. 수많은 수학자들이 이 재구성 추측을 이해하고 증명하려고 시도했지만 지금까지 해결하지 못했습니다. 저도 이 문제에 대해 고민한 지 5~6년쯤 됐는데, 이 문제를 만난 첫날보다 오늘 이 문제에 대해서 더 잘 이해하고 있다고 자신 있게 말하지 못하겠어요.

재구성 추측이 어떤 내용인지 좀 더 쉽게 풀이해 보면, '변 하나를 제거해서 얻은 모든 부분 그래프들의 중복 집합이 같다면 두 그래프는 같다.'는 뜻이에요. 부분으로부터 전체를 재구성할 수 있느냐는 질문이지요. 물론 여기서 '같다'는 말은 '서로 구별할 수 없다.'는 의미로 쓰였습니다. 예를 들어, 제 손에 어떤 그래프가 그려진 카드가 한 장 있다고 가정해 보세요. 여러분은 지금부터 제 카드에 어떤 그래프가 그려져 있는지 맞혀야 합니다. 물론 여러분은 초능력자가 아니니까 제가 힌트를 줄 거예요.

카드에 그려진 그래프에서 변 하나를 제거해서 얻은 그래프를 첫 번째 카드에, 다른 하나의 변을 제거해서 얻은 그래프를 두 번째 카드에, 그리고 같은 방식으로 만약 원래 그래프의 변이 75개였다면 마지막 75번째 카드에 해당하는 그래프를 그려서 여러분에게 보여 드릴 거예요. 여러분은 제가 가진 카드에 그려진 그래프가 무엇인지 정확하게 맞힐 수 있을까요?

재구성 추측이란 앞의 예로 풀이하자면, 힌트로 주어진 카드들로 구성된 덱deck으로부터 원래 카드에 그려진 그래프가 무엇인지 항상 맞출 수 있다는 추측이에요. 재구성 추측의 핵심은 '같음' 혹은 '구별할 수 없음'의 개념에 있습니다. 만약 그래프의 모든 꼭짓점을 구별할 수 있다면, 그러니까 어떤 꼭짓점에 1, 다른 꼭짓점에 2, 또 다른 꼭짓점에 17, 이렇게 번호표가 붙어 있다면, 재구성 추측은 명백히 참이에요. 힌트 카드 중 어느 하나만 봐도 어떤 변이 지워졌는지 알 수 있고, 그곳에 변을 그려서 원래 카드의 그래프를 알아낼 수 있으니까요. 그렇지만 꼭짓점을 서로 구별할 수 없다면 문제는 매우 복잡해집니다.

제가 여섯 개의 변으로 이루어진 그래프가 그려진 카드를 가지고 있다고 가정해 보세요. 이 그래프에서 변을 하나씩 지워서 얻은 그래프 카드 여섯 장을 여러분에게 보여 드릴게요.

다음 그림을 볼까요? 여섯 장의 카드 모두 다섯 개의 변이 나란히 늘어선 그래프입니다. 다 똑같이 생겼어요. 그럼 제가 가지고 있던 그래프, 여섯 개의 변을 가진 원래 그래프는 어떤 모양일까요? 재구

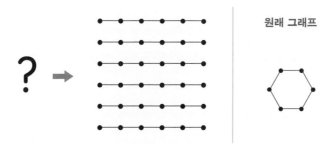

재구성 추측의 예1

성 추측에 따르면 이런 종류의 질문에 항상 대답할 수 있습니다. 여섯 장의 카드를 놓고 곰곰이 생각해 보면 오른쪽의 육각형 그래프가 유일한 가능성이라는 것을 알 수 있습니다. 여러분에게 부분적인 정보만 주어졌지만 완전한 정보를 재구성할 수 있어요.

이제 다른 카드 여섯 장을 보여 드릴게요. 이번에는 카드마다 사각형 가운데에 빗변이 있는 그래프가 똑같이 그려져 있어요. 이 경우에도 잘 생각해 보면 다른 가능성이 존재하지 않고 항상 원래 그래프를 재구성할 수 있어요. 바로 정사면체를 위에서 내려다본 그

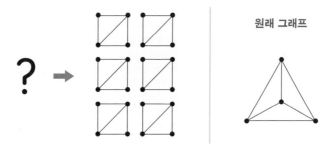

재구성 추측의 예2

래프입니다.

또 다른 여섯 장의 카드를 보여 드리겠습니다. 원래 그래프를 재구성하기 어렵지만, 조금만 싶이 생각해 보면 답을 찾을 수 있습니다. 정답을 짐작하기는 힘들지만, 정답이 주어지면 그게 정답인지 확인하기는 쉽죠? 수학에서도 수학 밖에서도 흔한 일입니다. 원래 그래프에서 변을 하나 지우면 먼저 보여 드린 여섯 장의 카드에 그려진 그래프가 나온다는 걸 확인할 수 있어요.

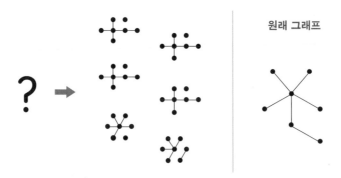

재구성 추측의 예3

단순하고 명확하게 생각하기

앞서 재구성 추측을 정의할 때, 변이 적어도 네 개 있어야 한다고 가정했어요. 그 이유는 두 가지 당연한 예외가 있기 때문이에요. 두 예외에 대해 생각해 보면 재구성 추측을 이해하는 데 도움이 될 것 같아요.

먼저, 우리가 카드를 두 장 받았는데, 두 카드 모두 꼭짓점이 네 개 있고 변이 하나 있는 그래프가 그려진 카드였다고 해 봐요. 그럼 원래 그래프는 무엇이었을까요?

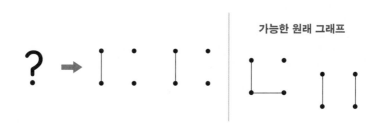

재구성 추측의 전제 조건을 이해하기 위한 예1

위 그림 오른쪽에 제시된 두 그래프 중 어느 것도 가능하겠죠. 두 그래프 모두 부분적인 정보로부터 알맞게 재구성된 그래프입니다. 이 경우 원래 그래프가 둘 중 무엇인지 알 수 없지요. 당연한 이야기지만 오른쪽 두 그래프 사이에는 동형 사상이 존재하지 않고, 따라서 둘은 서로 다릅니다. 첫 번째 그래프는 두 개의 변이 이어져 있고, 두 번째 그래프는 두 개의 변이 이어져 있지 않으니까요. 이게 재구성 추측의 첫 번째 예외예요.

또 다른 경우를 생각해 보도록 하죠. 이번에는 카드를 세 장 받았는데, 뒤쪽의 그림과 같이 각각에 연결된 두 개의 변과 떨어진 꼭짓점 하나로 구성된 그래프가 그려져 있었다고 해요. 그러면 원래 그래프는 무엇이었을까요? 서로 다른 두 가지 정답을 오른쪽에서 확인하실 수 있습니다. 재구성 추측의 두 번째 예외입니다.

또 다른 예외는 없을까요? 수학자들은 꼭짓점과 변이 적은 순서

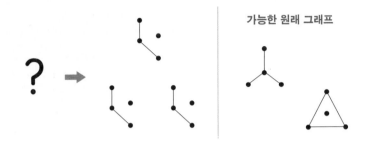

가능한 원래 그래프

재구성 추측의 전제 조건을 이해하기 위한 예2

로 적어도 처음 50조 5020억 3136만 7952개의 그래프에 대해서 재구성 추측이 참임을 컴퓨터의 힘을 빌려 확인했어요. 우리에게 익숙한 수는 아니지만, 생각해 보면 그렇게 큰 수는 아니에요. 모래 한 톨에 들어 있는 원자의 수보다도 작지요(대략 1000분의 1). 큰 수가 흔한 조합론 분야에서는 아주 작은 수라고 볼 수도 있지요. 예를 들어, 학생 수가 20명인 한 반에서 20명 중 두 명이 친구일 수도 있고 아닐 수도 있다는 간단한 상황을 생각해 보면, 20명 사이에 존재하는 가능한 관계의 그래프 수가 50조 5020억 3136만 7952라는 수보다 훨씬 커요(대략 10^{43}배).

20이라는 수는 굉장히 작고 50조 5020억 3136만 7952라는 수는 굉장히 커 보이지만, 이때 크다와 작다는 주관적인 개념일 뿐이에요. 따라서 수학자들 사이에서는 재구성 추측에 대한 증거가 충분한지 부족한지에 대해 의견이 나뉘고 있어요. 그러니까 재구성 추측이 참일 거라고 믿고 증명을 시도해야 할지, 아니면 거짓일 거라고 가정하고 반례를 찾기 위해 노력해야 할지 고민하는 거죠.

이처럼 단순해 보이는 같음과 다름에 대한 문제를 해결하기 위해 수많은 수학자가 꽤 오랫동안 고민했음에도 그 진위에 대해 이렇다 할 실마리를 아직도 찾지 못했습니다. 조합론뿐 아니라 다른 많은 수학 분야에 '같음과 다름'에 관한 비슷한 종류의 미해결 문제가 많답니다. 현대 수학이 범주category와 동형isomorphism의 개념에 기반하고 있는 만큼, 앞으로 어떤 진전이 있을지 궁금하네요.

> 구별할 수 없으면 같다고 말할 수 있을까요?
> 뭔가 심오하고 철학적인 질문처럼 들리나요?
> 그렇지 않아요. 조금 생각해 보면,
> 언어를 어떻게 사용할 것인지에 대한
> 약속의 문제라는 것을 알 수 있지요.

| 생각을 키워요 |

Q 01

저는 물리학을 전공하고 싶은데요. 아무래도 순수 학문이라서 미래에 대한 걱정이 들기도 합니다. 이 고민을 어떻게 해결해야 할까요?

순수 학문의 전망과는 별개로, 진로에 대해 지나치게 걱정하고 고민하는 것은 좋지 않다고 생각합니다. 필요한 경우 유연하게 방향을 전환하는 것도 중요하겠지만, 유연성은 많은 고민으로 얻어지는 능력이 아닙니다. 좋아하는 일이나 공부를 할 때 사람은 훨씬 더 효율적이고 빠르게 성장하니, 진로를 결정할 때 이를 고려하시기 바랍니다. 고민은 해결되는 경우보다 자연스럽게 사라지는 경우가 더 많다는 점도 기억하세요.

Q 02

저는 여러 학문을 융합적으로 배우고 융합적으로 사고해 보고 싶습니다. 수학자의 입장에서 융합적 사고를 어떻게 생각하나요?

이해와 의미를 만드는 것은 단편적인 지식이 아니라 그들 사이의 연결성이라고 합니다. 조합, 대수, 기하를 묶어서 연구하는 저에게 크게 공감이 되는 말입니다. 어렸을 때 좀 더 폭넓게 공부해서 수학 밖의 학문도 조금 알았다면 하는 개인적인 아쉬움이 있습니다. 무언가를 배울 기회와 동기, 힘이 있을 때 주저하지 말고 최선을 다해 배우셨으면 합니다.

Q 03

학생 때 공부하면서 수학이 어렵다고 느낀 적 있나요? 있다면 그럴 땐 어떻게 극복했나요? 또, 학생들이 수학을 반드시 공부해야 하는 교육 목적이 있을까요?

수학은 어느 단계에 있든 어렵습니다. 하면 할수록 더 어려워지는 것 같은데, 이를 수학의 매력으로 볼 수도 있을 듯합니다. 수학은 넓이와 깊이가 사실상 무한하기 때문에, 어려운 정신적 과제에 도전하는 과정에 대하여 매력을 느끼는 법을 배우기에 딱 좋습니다. 이는 현대 사회에 기여하고 그 안에서 즐겁게 살아가는 데 가장 유용한 기술 중 하나라고 생각합니다. 또한 수학은 깨끗하고 정확하게 생각하기 위한 좋은 훈련이기도 합니다.

Q 04

수학적 난제를 푸는 과정에서 뭔가에 막혀서 안 풀릴 때 어떻게 마음을 다잡을 수 있었나요?

정해진 직업이라 생각하면 사실 특별히 마음을 다잡을 일이 없습니다. 어제 생각해서 몰랐던 내용을 오늘 생각해도 모르는 게 자연스럽지 않나요? 특별히 기대하지 않으면 실망하지도 않아요. 가끔 아주 작은 전진을 했을 때 이를 대수롭지 않게 여기지 않고 충분히 감사하는 마음을 가지는 것이 꾸준할 수 있는 힘이 되어 준다고 생각합니다. 큰 문제일수록 작은 진보에 주의를 기울여 보세요.

Q 05

교수님은 어떻게 조합 대수기하학 분야에 관심을 가지게 됐으며, 그 분야의 정통한 수학자가 될 수 있었나요?

서로 무관해 보이는 대상 사이의 정교한 상호 작용이 신기해 조합 대수기하학에 관심을 가지게 되었어요. 지난 십몇 년 동안 열정적으로 공부해 왔지만, 다행히도 아직 어느 분야에 정통하지는 못했습니다. 평생 공부를 해야 할 사람에게 아는 것보다 모르는 것이 많다는 것은 오히려 큰 안심이에요. 여전히 학생 같은 마음이 들어 신나기도 하고요.

Q 06

수학의 난제에 왜 관심을 가지게 되었나요? 그리고 난제를 해결할 때 하나에만 집중하나요, 아니면 여러 개를 복합적으로 고민하나요?

모든 수학적 난제는 흥미롭습니다. 많은 뛰어난 사람들이 시도했지만 풀리지 않았다는 것은 우리가 생각하는 방식의 확장이 필요하다는 신호이기 때문입니다. 연구자마다 스타일이 다르지만, 특정한 난제를 정해 놓고 '이 문제를 푸는 데 내 인생을 걸겠어.'라고 생각하는 것은 현명한 전략이 아니라고 생각합니다. 우리는 서로 크게 다르지 않기 때문에, 다른 사람이 해결하지 못한 것은 자신도 해결하지 못할 확률이 높습니다. 그래서 대부분의 수학자는 끌리는 문제 여러 개를 항상 뒷주머니에 넣고 다니며 틈틈이 고민하여 조금씩 앞으로 나아갑니다. 한 문제에 집중할 때도 머릿속 어딘가에 다른 문제들을 담아 둡니다. 여러 난제가 서로 연관된 것으로 밝혀지는 경우도 흔하고, 이것이 중요한 힌트가 되기도 합니다.

Q 07

왜 수학자가 되었나요? 그리고 교수님은 수학이 왜 재미있나요?

몸을 움직이는 것이 본질적으로 즐거운 것처럼, 생각하는 것도 본질적으로 즐거운 일입니다. 몸과 마음이 충분히 건강하고 외부의 압력이 없다면, 움직이지 않는 것보다 움직이는 것이, 생각하지 않는 것보다 생각하는 것이 재미있습니다. 이는 인간의 본성이 아닐까요?

우리의 생각에는 다양한 주제와 방식이 있지만, 그중에서도 수학의 특별한 매력을 꼽자면 다음과 같은 것들이 떠오릅니다. 첫째, 많은 사람이 독립적인 과정을 거쳐 같은 결론에 도달하고, 그 결과를 서로 깨끗하고 완벽하게 소통할 수 있습니다. 둘째, 논리라는 견고한 틀이 있기에 형태와 의미를 잃지 않으면서도 무한히 자유로울 수 있습니다. 셋째, 자신이 틀렸다거나 모른다는 것을 스스로 확인할 수 있습니다. 넷째, 자연을 이해하고 기술을 발전시키는 데 필수적인 언어이자 영감의 원천입니다.

Q 08

교수님은 언제부터 수학을 좋아하게 되었나요?

중학생 때는 공간 도형 단원만, 고등학생 때는 미적분 단원만 좋아해서 여러 문제집에서 그 부분만 찾아 풀었던 기억이 납니다. 기억이 흐릿하지만, 왜인지 다른 주제들은 수학 외 과목에 비해 따분하다고 느꼈습니다. 대학교 시절에 위상 수학을, 대학원 시절에 대수기하학을 접하면서 수학을 사랑하게 되었는데, 논리적 엄밀성과 기하학적 직관이 대립 관계에 있지 않다는 점을 깨달은 것이 전환점이었습니다.

FUN&LEARN |

세계적인 연구를 하기 위해서는
반드시 여러 동료, 다른 분야와 협업해야 한다.
동료들을 많이 사귀고 같이 열심히 생각하고 일하면
분명히 성공한 인생을 맞이할 수 있을 것이다.

훌륭한 과학자, 성공한 인생이 되고 싶다면
인간관계를 가장 소중히 여겨야 한다.

어떻게 세계적인 연구를 할까

현택환

FUN&LEARN

PROFILE

현택환

서울대학교 석좌교수로 화학생물공학부에 재직 중이다. 기초과학연구원IBS의 나노 연구단장을 겸하고 있다. 2012년 삼성호암상, 2016년 대한민국 최고과학기술인상, 2022년 한국공학한림원 대상을 수상하였다. 크기와 조성이 균일한 나노 입자를 대량 합성할 수 있는 '승온법Heat-up process' 개발로 나노 입자의 응용 분야를 넓힌 세계적 석학이다. 2010년부터 11년간 〈미국화학회지〉의 부편집장으로 활동하였으며 2011년 발표된 '세계 화학자 100인'에서 화학 분야 37위, 재료과학 분야 17위에 선정됐다. 2020년 유력한 노벨상 후보로 지목되기도 했다. 한국과학기술한림원, 한국공학한림원, 미국공학한림원, 스웨덴왕립공학한림원 회원으로 활동하고 있다.

Do your best and God will do the rest

제가 이야기할 주제는 '어떻게 세계적인 연구를 할까?'입니다. 이 강연의 영어 제목은 'How can you~' 이렇게 시작했어요. 그랬더니 이걸 본 선배 교수님이 그러셨어요. "'can you'는 너무 건방지지 않을까?" 그래서 제가 'How can we~'로 바꾸었습니다. 그러니까 여러분과 이 자리에서 '우리가' 어떻게 하면 정말 재미있고 신나게 세계적인 연구를 할 수 있을까에 대해 이야기를 나눠 보려고 합니다.

사진첩을 뒤져 봤더니 제가 아주 어릴 적에 찍은 사진이 있더라고요. 저는 시골에서 자랐는데, 아래는 초등학교 때 소풍 가서 찍은 사진이에요. 중요한 포인트를 발견했나요? 신발이 없어요. 왜 신발이 없을까요? 잃어버렸어요. 제가 이때는 참 어벙했어요. 부모님이 크게 걱정할 정도였어요. 나중에 제가 서울대학교에 들어갔다고 그러니까 친척들이 아무도 믿지 않았어요. 어리바리한 꼬맹이가 서울대학교를 들어갔을 리 없다고 그랬어요.

굼뜨고 어벙하기만 하던 저에게 어느 날 놀라운 일이 벌어집니다. 어쩌다 보니 초등학교 5학년 때 학교 대표로 군에서 주최하는 과학 경시대회에 나가게 됐어요. 여기에서 2등을 했어요. 저도 깜짝 놀

어릴 적 소풍 때 찍은 사진

랐어요. '야, 내가 과학에 소질이 있구나!' 그래서 그날부터 제 꿈은 과학자가 되었습니다.

6학년이 되면서 저는 대구로 유학을 갔습니다. 그때부터 굉장히 오랫동안 유학 생활을 했어요. 그 시절에 우연히 'Do your best and God will do the rest.'라는 문구를 봤어요. '최선을 다하라. 그러면 신이 나머지를 채워 줄 것이다.' 뜻이 참 좋아서 인생의 좌우명으로 삼았습니다.

중학교를 졸업하고 고등학교에 들어갔더니, 과학이 물리·화학·생물·지구과학 이렇게 네 과목으로 나뉘어 있더라고요. 공부를 해 보니 뭔가 새로운 걸 만들어 낼 수 있는 화학이 가장 매력적으로 와 닿았어요. 그래서 화학자가 되기로 마음먹었습니다. 아래는 서울대학교 화학과에 다닐 때 찍은 사진입니다. 실험복을 입고 아주 촌스럽게 서 있네요. 저는 서울대학교에서 석사까지 마치고 미국 일리노이대학교로 유학을 갔습니다. 유학 생활이 순탄하지는 않았지만,

서울대학교 재학 시절 모습

어쨌거나 최우수 졸업논문상을 받으면서 졸업했습니다.

여러분도 이 말을 많이 들어 봤을 겁니다. If you wanna be somebody, try something different. 특별한 사람이 되고 싶다면 뭔가 남다른 일에 도전해야 합니다. 저는 사람들에게 이 말을 자주 합니다. 왜냐하면 제가 그렇게 했었거든요.

미국에서 돌아온 저는 1997년에 서울대학교 교수가 됐어요. 그런데 저는 서울대학교 다닐 때도 자연과학대 화학과에서 학사와 석사 학위를 땄고, 일리노이대학교에서도 화학 분야 박사 학위를 땄습니다. 그러던 제가 화학과 출신 제1호 서울대학교 공대 교수가 되었습니다. 왜 그랬을까요?

여러분, 삶이란 순간순간 내리는 선택과 결정의 결합체입니다. 저는 오늘 아침에 일어나서 여러분을 만나러 나오면서도 그랬어요. 아내에게 "오늘 젊은 학생들과 만나는데 무슨 옷을 입을까?" 하고 물어봤어요. 그러면서 최대한 젊게 보이려고 격식을 차리지 않았답니다. 사실 지난주에는 머리도 좀 단정하게 깎았고요. 이처럼 우리 앞에는 늘 크고 작은 문제가 생겨나고, 우리는 늘 뭔가를 선택하고 결정합니다. 특히 아주 결정적인 순간에 어떤 선택을 하느냐에 따라 삶이 크게 바뀝니다.

저는 서울대학교 조교수로 오면서 제 인생을 바꿀 매우 중요한 결정을 했어요. '미국에서 박사 학위를 받은 것은 지도 교수의 가르침과 아이디어가 많이 들어갔으니 오롯이 나의 업적이 아니다. 나는 한국에서 뭔가 새로운 분야를 하고 싶다.' 그래서 저는 공대로 가서 당시 새롭게 떠오르는 나노 과학 기술 분야에 발을 첨벙 들여놨어요. 그 결정이 지금의 현택환을 만든 거예요.

문제를 제대로 파악하고 맹렬히 돌파하라

나노 기술은 한마디로 말하자면 도우미 기술이에요. 여러 기술이 계속 발전하다 보면 어떤 한계에 부딪힙니다. 출근 시간에 사거리에 차가 꽉 막히듯이 한 치도 나아가지 못하고 멈춰 서는 거죠. 그럴 때 교통경찰이 딱 와서 '이 차는 이리 가세요.' '저 차는 저리 가세요.' 하고 수신호로 정리해요. 그러면 길이 확 뚫리죠. 나노 기술은 교통경찰 같은 역할을 합니다. 기술적 한계를 확 뛰어넘을 수 있는 길을 터 줍니다.

나노 기술은 디스플레이·반도체 같은 IT 분야, 배터리·연료전지·태양전지 같은 에너지 분야, 암을 진단하거나 치료하는 의료 분야, 그 밖에도 여러 분야에서 광범위하게 이용됩니다. 그중에서 제가 연구하고 만드는 나노 기술 분야에 대해 알려 드릴게요.

여러분, 모두 mRNA 백신 맞으셨죠? 이렇게 질문하면 좀 어렵죠? 그러면 좀 쉽게 바꿔서, 코로나 백신 맞으셨죠? 이 코로나 백신이 바로 나노 기술로 만들어졌어요. 코로나 백신은 바이러스 정보가 담긴 mRNA(메신저 리보핵산)을 우리 몸에 투입해서 바이러스를 둘러싼 쇠뿔 모양 스파이크 단백질 성분을 미리 만드는 방식이에요. 그런데 문제는 mRNA가 굉장히 불안정해요. 그래서 세포막을 이루는 지질(리피드)에 바이러스 정보가 담긴 mRNA를 가둬서 안정화시킨 다음에 우리 몸에 주입하는 기술을 개발했습니다. 이처럼 세포막 지질에 mRNA를 가두는 기술은 바로 나노 기술 때문에 가능했습니다.

'나노nano'는 본래 '난쟁이'라는 뜻이에요. 여러분, 1나노미터는 어느 정도 크기일까요? 1나노미터는 '10억분의 1미터'예요. 우리가 마시는 물 분자의 크기가 대략 0.3나노미터예요. 금 원자의 크기도 0.3나노미터 정도예요. 그러니까 1나노미터는 원자나 분자보다는 조금 크지만, 굉장히 작아요. 나노 입자는 보통 5~50나노미터 크기입니다. 이제부터 차례대로 나오겠지만, 현대 첨단 기술에서 나노 기술이 응용되지 않는 분야가 없습니다. 아주 핵심적인 기술입니다.

나노 입자 상태에서는 아주 재미있는 현상들이 많이 나타납니다. 여러분, 반도체 아시죠? 반도체의 가장 중요한 성질은 밴드갭의 에너지예요. 이 성질로부터 반도체의 모든 응용 방식이 결정됩니다. 반도체 나노 입자 크기를 줄이면 반도체의 가장 중요한 성질인 밴드갭의 에너지가 바뀝니다. 반도체 나노 입자는 성능과 효율 면에서 혁명적인 변화를 가져왔습니다.

또한 나노 입자에 높은 에너지의 자외선을 쬐어 주면 형광 빛깔이 생겨납니다. 나노 입자를 6.3나노미터로 만들면 빨간색, 3.5나노미터로 만들면 초록색, 2.5나노미터로 만들면 파란색이 나옵니다. 그러니까 에너지 레벨에 따라 정해진 파장의 빛만 나오기 때문에 다른 색이 섞이지 않은 순수한 빨간색, 초록색, 파란색을 내뿜는다는 뜻이에요.

이 현상에 대한 논문을 1981년에 러시아 과학자 알렉세이 에키모프가 처음으로 발표했어요. 그런데 1982년에 또 다른 러시아 과학자 알렉산더 에프로스가 거의 똑같은 아이디어의 연구 논문을 발표했어요. 그리고 1983년에 미국 과학자 루이스 브루스가 또 비슷한 논문을 냈어요.

여담이지만, 뭔가 아이디어가 떠오르면 곧바로 행동으로 옮겨야

나노 입자 크기에 따른 색 변화

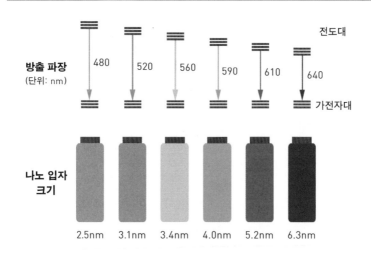

반도체 나노 입자의 형광 빛깔은 입자 크기에 따라 결정된다.

해요. 최선을 다해서 그 아이디어를 실현해야 해요. 어떤 문제를 해결할 아이디어를 지구상에 나 혼자만 생각해 내는 것은 아니거든요. 다른 나라 어디에서인가 누군가도 비슷한 아이디어를 떠올리고 있을 거예요. 앞의 세 과학자는 비슷한 시기에 아이디어를 떠올렸을 테고, 그걸 누가 좀 더 추진력 있게 연구에 집중해서 결과물을 내놓았느냐에 따라서 발표 순서가 정해졌어요. 그러니 여러분도 'Do your best and God will do the rest.'라는 문장을 가슴에 늘 새기고 있기를 바랍니다.

다시 본론으로 돌아와서, 이 논문들의 내용은 약간씩 다르지만 본질적으로는 같아요. 바로 '나노 입자 크기가 성질을 결정한다.'는 거예요. 제가 앞서 '형광 빛깔은 입자 크기에 따라 결정된다.'고 이야기했잖아요? 같은 말입니다.

요즘 QLED 텔레비전 광고 많이 봤죠? 이게 바로 QLED 텔레비전의 원리예요. QLED가 특별한 기술로 인정받는 이유는 무엇보다 이전 디스플레이보다 훨씬 뛰어난 선명성 때문입니다. QLED 텔레비전은 색깔이 매우 선명하고 또렷해요. 디스플레이 화면에 빛의 3원색인 빨간색, 초록색, 파란색이 서로 어울리면서 다양한 색깔이 나타나는 거죠.

그런데 여러분, 여기에서 뭔가 이상한 문제점을 발견하지 않았나요? 저마다 순수한 색깔을 내는 나노 입자를 만들었다고 해서 그게 곧 선명한 색깔을 보장하지 않아요. 빨간색, 초록색, 파란색 입자는 크기가 서로 다릅니다. 서로 크기가 다른 입자가 섞이면 어떻게 되죠? 나노 입자들이 내는 색깔이 선명한 빨간색, 초록색, 파란색을 내지 않고 섞이게 돼요. 즉 화면에서 나타내는 색이 선명하지 않고 흐릿하게 보입니다. 그러니까 입자의 크기를 똑같이 만드는 기술이 매우 중요합니다.

자, 문제를 파악했으니 이걸 해결해야 하잖아요? 균일한 크기의 나노 입자를 처음으로 만든 사람이 바로 MIT(매사추세츠공과대학교)의 문지 바웬디 교수예요. 그리고 그때 함께 만든 학생이 지금 Upenn(펜실베이니아대학교)에 있는 크리스 머레이 교수예요. 그 뒤로 나노 입자를 실용화하는 연구와 실험이 한층 경쟁적으로 펼쳐집니다.

그다음은 어떤 문제를 해결해야 할까요? 과학자들은 이전까지 연구된 내용을 잘 이해해야 해요. 그 분야에서 연구가 어느 수준까지 진행되었는지 파악해야 그걸 기반으로 다음 도약을 할 수 있으니까요. 그다음에는 그 분야에서 해결되지 못한 중요한 문제를 끄집어 내야 합니다. 다른 과학자들이 시도하지 않은 새로운 길을 개척해야 하는 거죠. 과학자로서 이름을 알리려면 이게 매우 중요합니다. 이게 과학자로서 살아가는 방식이에요.

1993년, 〈미국화학회지JACS〉에 MIT 연구자들이 쓴 논문이 하나 발표됐어요. 〈미국화학회지〉는 화학 분야에서 최고 권위를 자랑합니다. 제가 왜 이리 강조할까요? 제가 〈미국화학회지〉에서 2010년 부터 2020년까지 부편집장 가운데 한 명으로 일했거든요.

어쨌든, MIT 연구진이 쓴 논문은 이런 내용이었어요. 당시에는 나노 입자를 만들 때 크기를 똑같이 만들면 좋은데, 그 기술이 없었어요. 따라서 크기가 제각각인 나노 입자를 한꺼번에 만들 수밖에 없었죠. MIT 연구자들이 이 문제를 해결하기 위해 여러 가지 크기의 나노 입자가 뒤섞인 상태에서 같은 크기의 나노 입자를 골라내는 기술을 연구해서 발표한 거예요.

그런데 이 논문대로 실험해 보니 문제가 많았어요. 나노 입자가 너무 작아서 크기에 따라 골라내기가 아주아주 힘들었어요. 그러니까 많은 비용과 시간을 들였는데도 조금밖에 못 만들었어요. 한 번에 마이크로그램 정도밖에 못 만들어서 한계가 있었지요. 이런 조건이라면 사실상 실용화하기 힘들어요.

그런 시기에 현택환, 드디어 제 이름이 떴습니다. 2001년, 〈미국화학회지〉에 제 연구 논문이 발표되었습니다. 내용이 뭐냐면, 크기별로 골라내는 과정 없이 바로 균일한 크기의 산화철 나노 입자를 합성하는 기술을 개발한 거예요. 오른쪽 사진을 한번 보세요. 예쁘죠? 입자 크기와 입자 사이 틈이 균일합니다. 이런 걸 보면 좀 감동

승온법Heat-up process으로
크기 분리 과정을 거치지 않고
얻은 균일한 크기의 나노 입자

해 줘야 해요. 나노 입자를 똑같은 크기로 만드는 기술이 왜 중요할까요? 크기 분리 과정을 거치지 않고 바로바로 찍듯이 합성할 수 있기 때문이에요.

나노 입자 상용화의 길을 열다

그런데 여기서 또 다른 문제가 우리 앞을 가로막았습니다. 이 균일한 크기의 나노 입자는 펜타카보닐철Fe(CO)$_5$로부터 만들어집니다. 그런데 이 펜타카보닐철은 일산화탄소 분자 다섯 개와 철 원자 한 개가 결합하여 만들어진 화합물이에요. 일산화탄소는 독성이 강한 가스잖아요. 예전에는 연탄가스에 중독되어 사람들이 죽음에 이르기도 했는데, 그 연탄가스가 일산화탄소예요. 게다가 펜타카보닐철은 값도 굉장히 비싸요. 문제가 있죠. 문제를 해결하는 게 과학자가 하는 일이잖아요. 어떻게 하면 값싸고 안전한 물질로부터 균일한 크기의 나노 입자를 만들 수 있을까요?

금속염으로 균일한 크기의 나노 입자 만드는 과정

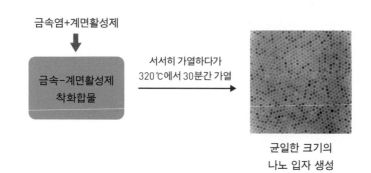

균일한 크기의
나노 입자 생성

우리 연구진은 염화철과 같은 금속염을 가지고 균일한 크기의 나노 입자를 대량으로 만드는 기술을 개발해서 2004년에 학술지 〈네이처 머티리얼즈〉에 발표했어요. 간단히 설명하자면, 먼저 금속염과 계면활성제를 합치면 금속-계면활성제 착화합물이 만들어집니다. 이 금속-계면활성제 착화합물을 서서히 가열하다가 섭씨 320도에서 30분간 가열하면 균일한 크기의 나노 입자가 만들어집니다.

앞서 1993년에 MIT에서 〈미국화학회지〉에 발표한 논문에서는 펜타카보닐철을 출발 물질로 해서 나노 입자를 수십 마이크로그램 정도밖에 못 만들었어요. 값비싼 시작 물질을 높은 온도에서 주사기로 주입하는 방법으로 만들어야 했기 때문이에요. 그런데 우리 연구진은 아주 값싼 금속염(염화철)을 출발 물질로 이용해서 수십 그램의 나노 입자를 한 번에 합성해 낸 거예요. 균일한 크기의 나노 입자를 대량으로 만들어서 상용화하는 길을 드디어 열게 된 것입니다.

이 연구 논문은 CNN을 비롯한 여러 언론과 과학 잡지에 소개되고, 다른 과학 논문에서 인용된 횟수가 5000번에 이릅니다. 여러분 중에 'BTS 노래 하나 내면 1주일 만에 1억 뷰 나오는데, 겨우 5000번이라니요? 교수님, 장난합니까?' 이렇게 생각하는 사람 있죠? 노벨상을 받은 논문들이 지난 30년간 인용된 횟수가 평균 1500번이에요. 그러니까 5000번이면 조금 많죠? 또 2004년에 발표한 논문은 재료공학과 관련한 수만 편의 논문 중에서 가장 많이 인용된 논문으로 선정되었어요. 이 기술은 한화케미칼로 이전되어 지속적으로 연구되었고, 이제는 균일한 크기의 나노 입자를 킬로그램 단위로 합성할 수 있게 되었습니다.

나노 기술, 노벨상을 받다

인류의 나노 기술 개발 역사는 매우 짧아요. 길게 잡아도 30년쯤밖에 안 됩니다. 일반적으로 나노 기술의 원년을 1999년으로 잡아요. 미국에서 나노 기술에 집중적으로 투자하기 시작한 시점이에요. 그로부터 20주년이 되던 2019년에, 전 세계 관계자들과 일반 사람들에게 설문을 했어요. '지난 20년 동안 개발된 가장 대표적인 나노 기술 제품이 무엇이라고 생각하느냐?' 그랬더니 압도적인 1위가 'QLED'였어요.

QLED는 정확히 표기하면 QDLED Quantum Dot Light Emitting Diodes (양자점 발광 다이오드)예요. 여기에서 퀀텀 닷(양자점)은 앞서 이야기한 반도체 나노 입자를 일컫는 말이에요. 삼성에서 생산한 QLED 텔레비전에 사용되는 양자점은 인화인듐/황화아연InP/ZnS을 이용해서 만든 나노 입자예요. 인화인듐/황화아연으로 나노 입자를 대량 생산할 수 있다는 연구 논문은 프랑스국립과학연구원CNRS의 피터 레이스 박사가 2008년 〈미국화학회지〉에 처음 발표했습니다. 그런데 연구 논문의 인용 논문을 밝히는 주석에 'Hyeon, T'라는 이름이 자주 눈에 띕니다. 누구일까요? 멀리서 찾지 마세요. 사실 피터 레이스는 제 친구이기도 합니다.

여러분, 매년 10월 첫째 주가 어떤 주간인지 아세요? 노벨상 수상자가 발표되는 주간입니다. 그런데 노벨상을 발표하기 3주 전에 '웹 오브 사이언스'에서 뭔가 재미있는 이벤트를 벌입니다. 웹 오브 사이언스는 세계에서 가장 공신력 있는 논문 검색 엔진 사이트예요. 과학자·공학자들은 모두 다 사용하는 검색 엔진이에요. 여러분이 사용하는 구글이나 네이버와 비슷합니다. 이 웹 오브 사이언스를 이용하는 과학자들도 누가 노벨상을 받을지 궁금하잖아요. 그래서 2002년부터 해마다 물리·화학·생리의학·경제학 이렇게 네 분야에서 유력한 후보자를 서너 명 선정했어요. 그리고 이 후보자들을 사이테이션 로리어트Citation Laureates(피인용 우수 연구자)라고 불렀어요.

지난 2020년에도 웹 오브 사이언스에서는 노벨상 시즌 전에, 역시나 사이테이션 로리어트를 선정했습니다. 이 가운데 화학 분야에는 1993년에 균일한 크기의 나노 입자를 처음 합성해 낸 문지 바웬디와 크리스 머레이, 그리고 제가 선정됐어요. 그에 앞서 저는 호암상도 받고 대한민국 최고과학기술인상도 받았어요. 이런 상들도 굉장히 영광스럽죠. 하지만 사이테이션 로리어트는 상금이 하나도 없는데도 과학자로서 굉장히 의미가 컸어요. 왜냐하면 지난 20년간 여기에 선정된 사람 중에서 80여 명이 노벨상을 받았거든요.

2023년 노벨 화학상을 받은 루이스 브루스, 알렉세이 에키모프, 문지 바웬디(왼쪽부터)

여러분 생각에 나노 기술 분야에서 노벨상을 받아야 한다면 누가 가장 유력할까요? 당연히 최초로 나노 입자 이론을 세운 과학자들이죠. '나노 입자 크기가 성질을 결정한다.' '반도체 나노 입자의 경우 크기에 따라 형광 색깔이 결정된다.' 이런 내용의 연구 논문을 비슷한 시기에 발표한 에키모프(1981년), 에프로스(1982년), 브루스(1983년), 이 세 사람이 받는 게 맞겠죠? 그런데 2023년 노벨 화학상에는 에키모프와 브루스와 문지 바웬디가 받았어요.

노벨 화학상 수상자가 발표된 다음 날, 국내 언론에서 저를 위로한다고 칼럼을 써 줬어요. 제목이 재미있어요. 〈양자점 대량 생산의 길을 연 현택환 교수 "아쉽지만 받을 만한 사람이 받았다. …… 삼성에 고마워해야"〉 제가 아쉽다고 이야기한 적 없는 것 같은데……. 어쨌든 이렇게 해서 저하고 같이 사이테이션 로리어트에 선정되었던 제 친구인 문지 바웬디 교수가 2023년에 노벨상을 받게 되었습니다. 나노 기술 연구자 가운데 노벨 화학상 수상자가 나왔다는 건 과학계와 산업 분야에서 그 가치를 인정했다는 뜻입니다. 나노 기술은 앞으로 더 많은 노벨상을 받을 거예요. 저도 조금 더 열심히 이 길을 걸어가야 할 것 같습니다.

아이디어가 떠오르면 반드시 메모하고 공유하자

이제 과학자가 어떻게 아이디어를 얻는지 이야기해 볼게요. 저는 지금도 과학 학술지에 게재된 논문들을 읽어요. 최신 연구 논문을 읽으면서 '이 논문을 쓴 과학자들은 왜, 어떻게 아이디어를 떠올리고, 해결해 냈을까?' 계속 생각해요. 그러면서 새로운 아이디어를 끄집어내서 제가 연구하던 아이디어와 결합시켜요. 저는 지난 30년간 이런 과정을 끊임없이 반복해 왔어요.

여러분, '적자생존'이라는 말 알죠? 저는 이걸 본래 뜻과 다르게 풀어 봤어요. '적는 자만이 살아남는다.' 메모하는 습관은 굉장히 중요합니다. 항상 수첩을 가지고 다니면서 아이디어가 떠오르면 바로바로 메모하세요. 왜냐하면 머리는 기억할 수 있는 용량이 정해져 있어서 아이디어가 순식간에 증발해 버리거든요. 하지만 여러분, 시험에서 '적자생존'을 '적는 자만이 살아남는다.' 이렇게 답안지에 적으면 안 됩니다. 아시겠어요?

오른쪽 사진은 최초의 제 아이디어 수첩이에요. 저는 노스웨스턴 대학교에서 연구원으로 지내면서 아이디어를 기록하기 시작했어요. 수첩 제목이 'for the future(미래를 향하여)'입니다. 거참 멋지죠? 아무튼 여기에 아이디어를 끄적끄적 적어 놨어요. 요즘에는 컴퓨터에 아이디어를 기록해요. 그다음에 바로 학생들과 함께 만든 대화방에 올립니다. 저는 모든 아이디어를 우리 학생들이나 연구원들과 공유합니다.

제가 왜 이렇게 하는지 말씀드릴게요. 여러분 앞에 말랑말랑하게 꽃길만 있을 것 같죠? 전혀 그렇지 않습니다. 제가 서울대학교 졸업

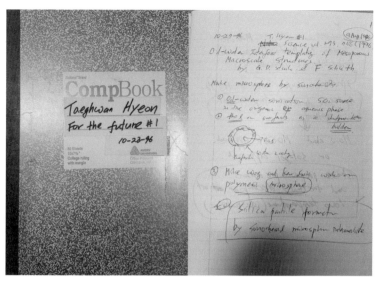

최초의 아이디어 수첩
1996년 8월에 출판된 논문(수성/유성 계면을 템플릿으로 활용한 메조다공성 실리카의 거시적 구조체 제조)을 읽고 떠오른 연구 아이디어를 적어 놓았다.

할 때 좋은 성적으로 졸업했어요. 그런 다음에 국비 장학생으로 미국 유학을 갔거든요. 제 나름 꿈도 크고 자부심도 있었어요. 그런데 있잖아요, 미국에서 박사 과정 시작하고 나서 2년 반 동안 제 연구 결과가 하나도 없었어요. 여러분은 그런 느낌 받아 봤을지 모르겠어요. 머리가 콘크리트 벽에 꽝 부딪히는 듯했어요. 엄청나게 막막하고 괴로웠어요. 만약에 거기에서 주저앉았다면 어땠을까요?

그때부터 저는 실험하던 걸 멈추고, 화학과 도서관에서 살았어요. 거기 있는 논문을 하나하나 읽기 시작했어요. 그러면서 왜 내 연구가 앞으로 나아가지 못하는지 고민했어요. 밤낮없이 논문을 읽었더니 그제야 조금씩 길이 보이는 거예요. 제 연구에 돌파구가 생겼어요. 더불어 생각지 못한 일도 생겨났어요. 하루 종일 도서관에서 지내니까 시간이 좀 남잖아요. 그래서 곁눈질을 시작했어요. 옆에 있는 다른 분야의 논문들을 들춰 본 거죠.

하루는 어떤 논문을 하나 봤는데 너무 재미있는 거예요. 이게 진짜 논문도 아니고, 최근에 가장 따끈따끈한 논문을 요약해서 쓴 기사였어요. 이 글을 읽으면서 저는 아이디어가 번뜩 떠올랐어요. 그러면서 마음먹었어요. '이 연구는 한국 가서 하자. 내가 서울대학교 교수가 돼서 하자.' 그때는 화학과 교수가 되는 게 목표였어요. 그 꿈은 못 이루고, 대신 공대 교수가 됐어요.

여러분, 1992년 〈네이처〉에 이런 논문이 발표됐어요. 〈계면활성제(세탁 세제의 주성분) 자기조립구조를 주형으로 이용하여 나노 세공 실리카(유리) 제조하기〉라는 제목의 논문인데 우리말로 읽어도 어렵죠? 이 논문은 1만 5000번 인용됐어요. 제가 말씀드렸잖아요. 이건 BTS 1억 뷰하고 곧이곧대로 비교해서는 안 돼요. 굳이 비교하자면 BTS 노래 전부 합친 뷰하고 똑같은 거예요. 이렇게 인기 많은 논문은 흔치 않아요.

이 논문 내용이 뭐냐면, 실리카(유리)에 구멍 크기가 3나노미터로 균일하게 뚫린 나노 세공 물질을 만든 거예요. 철물점에 한데 묶어서 쌓아 놓은 파이프 본 적 있죠? 마치 그런 모습이에요. 실리카에 3나노미터 크기의 균일한 구멍을 촘촘하게 뚫은 거예요. 어떤 방법으로 이처럼 3나노미터 크기의 구멍을 균일하게 뚫을 수 있을까요?

이 기술을 오늘날 도자기 만들기에 비유해서 설명해 볼게요. 도자기를 만들 때는 먼저 나무를 도자기처럼 예쁘게 조각한 다음에 그 위에 찰흙을 발라요. 그걸 불가마에 넣고 불을 때면 어떻게 될까요? 도자기 모양으로 조각한 나무는 타서 재가 되고 찰흙만 남겠죠. 조각된 나무가 타서 사라진 부분은 빈 공간이 됩니다.

이 논문의 핵심 아이디어는 정말 간단해요. 앞의 방법을 반대로 생각한 거예요. 먼저, 유리병 안에 플라스틱을 꽉 채워 넣어요. 다음으로, 이걸 산소가 없는 비활성 상태에서 가열하면 플라스틱이 탄소로 바뀝니다. 마지막으로, 바깥 유리병은 수산화나트륨 같은 물질로 싹 녹여 없앱니다. 그럼 뭐가 남아요? 플라스틱에서 변환된 탄소만 유리병 모양으로 남습니다.

도자기 만드는 과정은 나무로 만든 조각 위에 찰흙을 바르고, 이걸 가열해서 나무를 태워 없애면 빈 공간이 남는 방식이었어요. 탄소 유리병 만드는 과정은 반대예요. 유리병 안에 플라스틱을 채우고, 비활성 조건의 고온에서 가열하면 플라스틱이 탄소로 바뀌어요. 이게 바로 나노 세공 물질이에요. 이 과정을 전문 용어로 정리하면, '나노 세공 실리카를 주형으로 이용해서 나노 세공 플라스틱(나중에 탄소로 변환)을 만드는 기술'입니다.

이 간단한 아이디어를 바탕으로 다양한 구조·성분의 무기 재료를

나노 세공 실리카 주형으로 나노 세공 플라스틱 만드는 과정

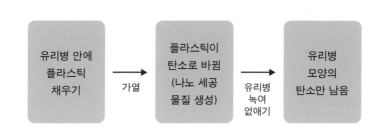

템플릿으로 하여 응용성이 높은 메조다공성 탄소 구조체를 자유자재로 합성할 수 있음을 보여 준 많은 논문이 차례로 발표되었어요. 제가 지도한 이 논문들의 제1 저자는 제가 가르친 학생 가운데 제1호 박사인 이진우 교수예요. 지금은 카이스트 생명화학공학과 석좌교수로 재직하고 있습니다. 저는 이처럼 아이디어를 찾아내면 그걸 학생들과 공유합니다. 왜냐하면 제 경험 때문에 그래요. 저는 미국에서 다른 연구자의 논문을 읽으면서 아이디어를 찾았고, 이로부터 연구를 확장해 왔어요. 마찬가지로 제 학생들이 제 아이디어를 가지고 가지를 쳐서 멋진 결과물을 내오면 얼마나 좋습니까?

최고의 과학자가 되는 비결

여러분, 모두 훌륭한 과학자가 되거나 인생에서 성공하고 싶죠? 그렇다면 인간관계가 가장 중요해요. 제가 작년에 세계에서 가장 오래된 학회 가운데 하나인 영국왕립화학회와 인터뷰를 했어요. 그 인터뷰 내용이 학회지에 실렸는데, 삽화를 오른쪽 그림처럼 그려 놨어요. 제가 테니스를 좋아하거든요. 그저께도 쳤고, 어제도 쳤고, 오늘 오후에도 테니스 치러 갈 겁니다. 제가 테니스를 굉장히 좋아한다고 했더니, 이렇게 세계적인 테니스 선수 로저 페더러를 패러디해서 삽화를 그려 준 거예요. '현 페더러'입니다.

어쨌거나, 인터뷰하면서 제가 강조한 말이 있어요. "Multidisciplinary collaboration is not optional, it's a must!" 현대 과학기술 분야는 혼자 잘나서는 연구할 수 없습니다. 잘할 수 없습니다. 세계적인

영국왕립화학회
인터뷰 내용과 함께
학회지에 실린 그림

연구를 하기 위해서는 반드시 여러 동료, 다른 분야와 협업해야 합니다. 동료들을 많이 사귀고 같이 열심히 생각하고 일하면 분명히 성공한 인생을 맞이할 수 있다고 믿습니다. 다양한 분들과 공동 연구를 통해서 지난 20년간 많은 연구를 할 수 있어서 행복했습니다. 그리고 특히 좋은 연구를 할 수 있도록 지원해 준 IBSInstitute for Basic Science (기초과학연구원)에도 고마운 마음을 전합니다.

오늘 여러분과 만나서 너무나 좋았습니다. 우리 젊은 학생들이 저마다 좋아하는 꿈을 향해 열심히 살다 보면 저보다 훨씬 뛰어난 사람이 될 수 있을 거예요. 감사합니다.

> 우리는 늘 뭔가를 선택하고 결정합니다.
> 특히 아주 결정적인 순간에
> 어떤 선택을 하느냐에 따라 삶이 크게 바뀝니다.

| 생각을 키워요 |

Q 01

우리 학교에는 조금 소박하기는 하지만, 한 학기 동안 다 함께 과학 연구를 하는 프로젝트가 있습니다. 이번에 팀 연구를 하면서 소통하는 데 많은 어려움을 겪었는데, 팀 연구를 진행하면서 좋은 인간관계를 유지하기 위한 특별한 비결이 있을까요?

지난 20년간, 특히 최근 10년간 우리 연구실에서 발표한 모든 논문들 가운데 누군가 혼자 쓴 논문이 거의 없어요. 우리 연구실은 노벨상 수상자, 시카고대학교 총장 폴 알리비사토스가 속한 연구진 등 20여 개 그룹과 공동으로 연구를 진행해 왔어요. 현재도 서울대학교병원 교수들과 함께 연구를 진행하고 있고요.

공동 연구를 할 때는 무엇보다 멀리 보고 장기적으로 생각해야 합니다. 일단은 연구가 단기간에 끝나지 않으니까 당연하죠. 길게 보면서 찬찬히 보조를 맞춰 가야 해요. 어떤 연구가 빨리 끝난다고 해도 다음 번에 또 그분들과 공동 연구를 해야 하니까 호흡을 맞추는 게 중요합니다. 일정을 급하게 잡고 서두르면 연구 성과도 잘 안 나오고, 다시는 공동 작업을 못 하게 됩니다.

또한 겸손하게 자기를 먼저 내려놓아야 해요. 자기가 먼저 양보하면 결국에는 사람들이 저절로 모여들어요. 저는 세계적으로 인정받는 연구실들과 계속 협업해 왔어요. 그리고 대부분 성공적인 결과물을 만들어 냈어요. 뭔가 엄청난 비결은 없어요. 단지 우리 연구실에서 먼저 정보를 공유하고, 또 그 결과물을 통 크게 양보하곤 했어요. 그러면 결국 마지막에는 같이 원원하더라고요.

앞서 이야기했지만, 뛰어난 천재 혼자서 큰일을 해내던 시대는 지났어요. 현재 우리 앞에 놓인 과학 기술적 문제들은 알베르트 아인슈타인이나 아이작 뉴턴이나 베르너 카를 하이젠베르크 같은 사람이 등장해서 해결할 수 없어요. 그런 시기는 끝났어요. 이제는 동료들과 같이 해야 해요. 함께하지 않으면 절대로 큰일을 할 수 없어요.

Q 02

학교에서 연구 활동을 진행하면서 어떤 문제에 부딪히면 그걸 해결하는 과정에서 두 가지 선택지가 있더라고요. 하나는 친구들과 함께 기초적인 단계부터 차근차근 문제를 해결하는 방식이고, 또 하나는 그 문제에 대한 선행 연구를 참고한 다음에 문제를 해결하는 방식입니다. 이 두 가지 해결 방법 사이의 균형을 어떻게 맞춰야 할까요?

중요한 질문입니다. 물론 두 가지 같이 해야 해요. 여러분이 지금 맞닥뜨리는 문제는 대부분 이전 과학자들이 경험하고 또 해결했던 것들입니다. 그렇다고 해도 여러분 힘으로 그 문제에 직접 부딪혀서 해결해 봐야 해요. 그런 다음에 앞선 과학자들의 연구 결과를 잘 조사하고 공부해서, 여러분이 문제를 해결했던 방법과 어느 부분이 같고 다른지 비교해 보세요.

이렇게 하면 느리고 답답하겠지만, 여러분은 학생이잖아요. 정해진 기간 안에 연구 성과를 내야 하는 건 아니지요. 그러니까 친구들끼리 분담해서 자료를 조사하고 함께 토론하면서 여러분 힘으로 먼저 문제를 해결해 보세요. 그런 다음에 반드시 선행 연구와 비교하면서 빈 부분을 채워 가다 보면 아주 빠르게 실력이 늘 거예요.

Q 03

과학자가 되고 싶은 학생인데요. 중·고등학생이 어떻게 하면 일상생활에서 과학자의 꿈을 키울 수 있을까요?

중·고등학생 때부터 다양한 과학 실험을 해 볼 수 있으면 좋겠지만 여건상 그건 어렵죠. 그렇다면 간접적으로라도 과학 관련 정보를 챙겨 봐야 해요. 《과학동아》 같은 과학 잡지만 해도 최신 정보를 다양하고 흥미롭게 소개해 주거든요. 아니면 유튜브에도 과학 채널이 많아요. 자기가 흥미를 갖는 분야부터 자연스럽게 찾아보세요. 그러면서 미래의 과학자로서 자신에게 동기 부여해 보세요.

Q 04

나노 기술이 응용되는 분야가 아주 많다고 말씀하셨는데요. 교수님은 나노 기술이 어떤 분야에서 가장 영향력 있고 효과적으로 사용될 거라고 생각하나요?

크게 보자면, 나노 기술은 크게 두 가지 분야에서 존재감을 드러내고 있습니다. 첫째는 QLED 디스플레이 분야에서 큰 획을 그었어요. 둘째는 지질 나노 입자 기술로 mRNA 백신을 개발해서 인류에게 커다란 도움을 주었습니다.

저의 개인적인 생각으로는 나노 기술이 앞으로 의료 분야에서 활용도가 엄청나게 높아질 것 같아요. 현재 의료 기술로는 치료하지 못하는 난치병들이 여전히 많아요. 아직도 수많은 질병을 치료할 약을 개발하지 못했죠. 이 난치병을 나노 기술을 응용한 방식으로 완전히 새롭게 접근해서 해결할 수 있지 않을까 생각합니다. 그래서 우리 연구실에서는 앞서 이야기했듯이 서울대학교병원, 고려대학교 구로병원 등의 열 명 넘는 의사들과 함께 의료 분야와 관련된 나노 기술을 개발하고 있습니다.

Q 05
QLED 디스플레이 말고, 우리가 일상생활에서 볼 수 있는 나노 기술로 만든 물건이 또 있을까요?

아직은 나노 기술로 만든 실생활 제품이 많지 않아요. 그래도 소개하자면, 여러분이 사용하는 휴대폰에 들어 있는 반도체에는 나노 기술이 도우미로 들어가 있어요. 또 배터리 효율성을 획기적으로 높이는 일도 나노 기술 때문에 가능해졌습니다. 나노 기술은 상용화된 지 이제 20년밖에 안 되었기 때문에 계속 연구 중이고 개발 중입니다.

[사진 및 자료 출처]
선양국, 양영은, 이다슬, 허준이, 현택환,
게티이미지코리아, 연합뉴스, 위키미디어커먼스, 클립아트코리아, 플리커, 픽셀스

[일러두기]
이 책에 실린 전문 용어는 실제 연구 현장에서 사용하는 대로 표기하였습니다.

FUN & LEARN 03
꿈꾸는 나 꿈꾸는 미래

1판 1쇄 인쇄 | 2024. 6. 19.
1판 1쇄 발행 | 2024. 7. 1.

김경일 김헌 방영주 선양국 양영은 오혜연 이다슬 허준이 현택환 글

발행처 김영사 | **발행인** 박강휘
편집 문자영 이은지 | **디자인** 홍윤정 | **마케팅** 서영호 | **홍보** 조은우
등록번호 제 406-2003-036호 | **등록일자** 1979. 5. 17.
주소 경기도 파주시 문발로 197(우10881)
전화 마케팅부 031-955-3100 | 편집부 031-955-3113~20 | 팩스 031-955-3111

값은 표지에 있습니다.
ISBN 978-89-349-3588-9 43000

좋은 독자가 좋은 책을 만듭니다. 김영사는 독자 여러분의 의견에 항상 귀 기울이고 있습니다.
전자우편 book@gimmyoung.com | 홈페이지 www.gimmyoung.com